78日間
トランサーフィン
実践マニュアル

量子力学的に現実創造する方法

ヴァジム・ゼランド［著］
成瀬まゆみ［監訳］
モリモト七海［翻訳］

あなたが現実を
コントロールしなければ、
現実があなたを
コントロールすることになる。

トランサーフィン　78日
～現実創造のための実践コース～

本書では、トランサーフィンの原理を78の項目に分けて解説しています。トランサーフィンは、自分自身の現実を創造するためのパワフルな道具です。この基本原理を応用すれば、運命を思いどおりに変える力を手に入れることができます。トランサーフィンという言葉さえまったく聞いたことがない方でも、78日間で自分の現実を創造するためのコースを修了できます。

このコースで学び、知識を得ると、外の世界はすべて幻影であると気づくことでしょう。この原理を日常生活に生かしていくと、現実というのは、それ自体では「定まった現象」としては存在していないことがわかります。

数多くの可能性のある選択の中から、ふさわしいタイミングで、もっとも効果的に目的を達成するための決断をし、人生に必要な出来事、必要でない出来事を選んで、現実創造ができるようになるのです。

物質主義者は、自らが作り出した目の前にある困難を克服することにやっきになり、理想主義者は、地に足をつけずにふわふわと自分の夢の世界で生きていきます。どちらのタイプも自分自身の現実を形作ることはできません。

このトランサーフィンの実践コースでは、現実創造のやり方を学ぶことができるのです。

はじめに

運命の決定者へのメッセージ

遠い過去、あるいは未来のことだったのかもしれません。宇宙は自分自身のことを忘れてしまいました。その理由は誰にもわかりません。宇宙というのは、ときどき自分のことを忘れてしまうものです。おそらく宇宙は居眠りをしていて、目が覚めたとき、そのときに見ていた夢を覚えていなかったのでしょう。

その夢の前には何が存在していたのでしょう？　そして、その前の夢は、どうだったでしょうか？　おそらく、宇宙自体が夢そのものだったのかもしれません。いずれにせよ、自分自身を思い出せない夢は、「無」に変わってしまうのです。それ以外、何があるというのでしょうか？

「私は誰なんだろう？」と無は独り言を言いました。

「あなたは鏡、鏡、鏡……」

無数の光の点滅の中から、答えが返ってきました。

「あなたは誰？」

と鏡（無）は問いました。

「私は鏡に映ったもの（リフレクション）ですよ」

「どこからきたの？」

「あなたの質問からですよ」

「でも、姿が見えないよ。自分の姿も見えない。なんで私が鏡なの？　私は『無』なのに！」

「そのとおり」

と、リフレクションは答えました。

「『無』とは、無限に続く多元鏡の最初の状態。無が無に反射している」

「私はどんなふうに見える？」

「どんなふうにも見えない」

「私は大きいの？　小さいの？」

「はい」

「『はい』とはどういう意味？」

「その両方だということです。あなたは、自分が想像したとおりの存在で、無限に大きく、無限に小さいのです。『無限大』と『点』は同じものなのですよ」

「なんて奇妙な！　で、ここはどこ？」

「ここですよ。バリアント空間の中です」

とリフレクションは答えました。

「何の空間ですって？」

「いろんな可能性のある空間です。この空間も、あなたの質問から生まれました。あなたは無限の多次元の鏡なので、考えることはすべて現れます。あなたのすべての質問には、無数の答えが存在するのです」

「私はなぜ存在しているの？」
「ただ存在するために」
「私には何ができるの？」
「何でも」

この世界は、「鏡」（私たちが神と呼ぶ存在）と、「鏡に映る像」（リフレクション）との対話の中で創造されたのです。

ようこそ、親愛なる運命の決定者よ。私がこのメッセージを書いているのは、あなたがこの文章を読んでいるからです。それは、あなたが自分の世界と運命の決定者になることを意図したことを意味しています。古代では、**現実には物理的な面と形而上《けいじじょう》的な面の2つがあることを誰もが知っていて、誰もが運命の決定者**でした。

彼らは、鏡のようなこの世界の本質を見抜き、理解していて、思考の力で自分の現実を創造することができていました。しかし、それは長くは続きませんでした。時間とともに、運命の決定者たちの関心は物質的な現実に釘付けになっていったからです。

彼らは本質を見ることをやめ、力を失ってしまいました。しかしながら、彼らが持っていた知識は失われず、古代の昔から今日まで生き続けてきました。

その知識を引き継いだ古代の魔術師は、思考の力によって現実をコントロールすることができました。なぜなら、現実は、本来、世界という鏡に意識が映ったものとして作られるからです。物質的な世界に意識を囚われた一般の人たちは、偶像の神々を崇拝し、占星術師や占い師に頼ってなんとかするしかありません。

占い師がのぞき見する偽りの未来に甘んじることなく、自分の意志に従って運命をコントロールしようとするのなら、必ずうまくいきます。トランサーフィンは、現実を形作るための古代から伝えられた知識で、必ずやあなたの役に立ちます。


トランサーフィンは魔法などではありません。魔法なんてものは存在しないのです。トランサーフィンは、鏡であるこの世界に対する単なる知識にすぎないのです。その知識はとても明快です。あまりにも単純であたりまえなことなのに、何をもって「魔法」と呼べるのでしょうか？

アラジンのランプだって、ブリキでできた古びたランプにしか見えなかったし、聖杯だって金ではできていませんでした。真に偉大なものはすべて、底知れぬほどシンプルで、見せびらかしたり、隠したりする必要がないものです。見かけばかりで何の価値もないものが、壮大さと神秘のベールに覆われていることが多いのです。

魔法からおとぎ話のような側面が取り除かれ、日常生活の中に溶け込むと、それは神秘的で不思議なものではなくなります。その変化のおかげで、日常生活はもはや退屈で平凡ではなくなり、コントロール可能な見慣れない現実になるのです。**一定のルールに従えば、新しい現実を形作ることができる**ということです。

本書では、自分自身の現実を創造するための不可欠な一連の基本原則をおおまかに説明していきます。このトランサーフィンの原則には、思考と行動という2つの基本的な分野があります。世界という二元鏡に映し出されると、これらの分野はそれぞれがもう一方を生み出します。つまり、二元鏡の両側は、**理性（論理）と魂（感情）**、そして**自分の行為（内的意図）と外界からの受け取り（外的意図）**があるということです。

知識を引き継いだ人たちの「**動機、思考、行動**」は、この「**理性、魂、行為、受け取り**」という4つの要素のバランスがとれている必要があります。理性と行為は物理的な世界に関連していて、魂と受け取りは形而上的な世界に関連しています。この形而上的世界というのは、抽象的であるけれど、客観的なものです。この二面性のうち、1つだけを取り上げても、自分の現実を形成することはできません。

物質主義者は、自らが作り出した目の前にある困難を克服することにやっきになり、理想主義者は、地に足をつけずにふわふわと自分の夢の世界で生きているだけなのです。どちらのタイプも自分自身の現実を形作ることはできません。

しかし、あなたはここで、うまくいくやり方を学ぶことができます。

トランサーフィンをよく知らない人でも、**78日で自分自身の現実を創造するための実践的なコースを修了する**ことができます。毎朝、原則とその解説を1つずつ読み、その日のうちにそれを実行するようにしてください。そして翌日、次の原則を読みます。前日に学んだ原則もそのまま実践し続けてください。

このようにして、すべての原則が身につくまで続けるのです。もちろん、これは比較的長いプロセスになりますが、原則を習得する最も効果的な方法です。自分自身の現実を創造するためには、実践なしには不可能です。

この原則を適用する際には、自分の直感に耳を傾け、それを信頼してください。

それでは、幸運を祈っています。

目　次

✴日々のトランサーフィン

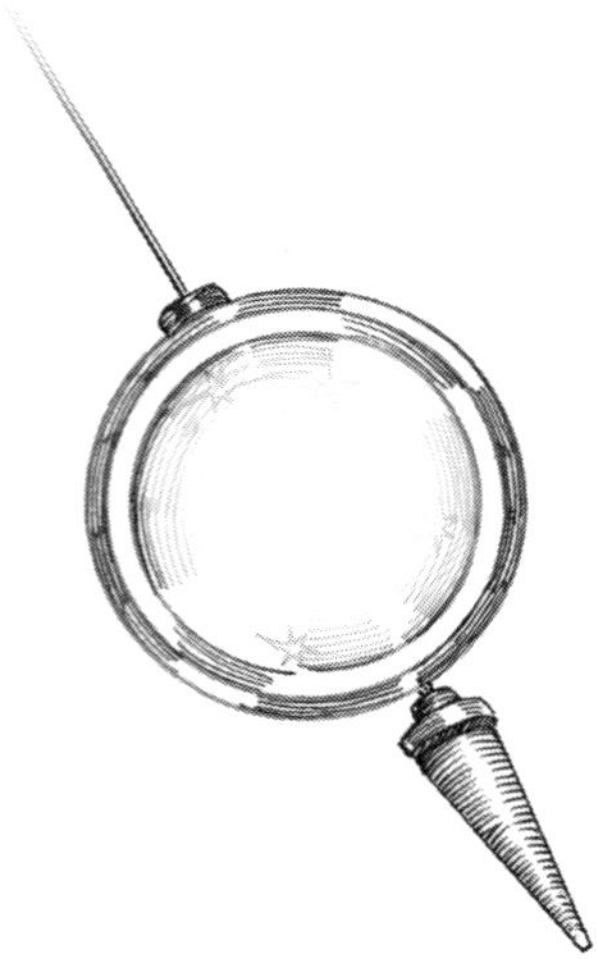

トランサーフィンの概要

見慣れない現実

✴ 世界の2つの側面

太古の昔から、世界には二重の側面があることを人々は知っていました。物質的なレベルで起こることはすべて、自然科学の法則という観点から、多かれ少なかれ明確に説明できます。一方、不可解な現象には、その法則は通用しなくなります。現実で起こるさまざまな現象を、どうして1つの知識体系に統合することができなかったのでしょうか？

不思議なことに、世界はまるで私たちとかくれんぼをしているかのように、その本質を明らかにしようとはしません。科学者がある現象を説明する新しい法則を発見したかと思うと、その法則の枠組みに収まらない別の現象が現れます。こういった真理の追究は、影のようにとらえどころがなく、永遠に続くものです。そしてこれもまた興味深いのですが、世界は真実を隠すだけでなく、私たちがある見方をすると、それを積極的に受け入れようとするのです。

このことは、科学のあらゆる分野で明らかです。たとえば、ミクロの世界が粒子で構成されていると仮定すれば、それを裏付ける実験結果には事欠きません。そしてミクロの世界が粒子ではなく、波であるとすれば、世界はそれに異を唱えることなく、その仮定に従うのです。

世界は、物質で構成されているかと問えば、その答えは「はい」でしょう。エネルギーで構成されているのかと聞いても、答えは同じく「はい」です。ご存じのように、真空中の微小粒子は、エネルギーから物質へ、あるいは物質からエネルギーへと絶えず変化し、生成と消滅を繰り返しているのです。

物質と意識、どちらが先かと世界に問うのは無駄なことです。世界は狡猾《こうかつ》にその姿を変え、見たいと思う世界のどの側面も、私たちに見せてくれることでしょう。さまざまな教義のリーダーたちが、まったく別の視点で説明しようとやっきになっていますが、現実は冷静に、すべて本質的には正しいと応えます。そして世界は同意すると同時に、私たちをはぐらかしたりもします。つまり、**鏡のような働きをする**ということです。私たちの現実に対する観念を、それがどのようなものであれ、文字どおりすべて映し出すのです。

では、これから私たちはどうすべきなのでしょうか？　もし世界が常に私たちの考えることに同意し、同時に常に直接的な答えを避けているとしたら、現実の本質を説明しようとする私たちの試みはすべて無駄になるのでしょうか？

実は、すべてのことはもっと単純なのです。多面的な現実の個々の姿に、絶対的な真理を求めることに意味はありません。鏡のような現実には、2つの側面があるという事実を受け入れるしかないのです。その2つの側面というのは**触れることのできる物質的側面**と、認識できないながら、**本質的で客観的な形而上的側面**です。

現在、科学は鏡に映る側面を研究し、秘教は鏡の反対側を見ようとします。この論争は、基本的に焦点の違いに帰結します。
では、鏡の向こう側には何があるのでしょうか？

✴ 鏡の向こうのバリアント空間

トランサーフィンは、他の秘儀と同じように、多くの可能性のあるこの問いに1つの答えを提供します。それは**鏡の向こう側には「バリアント空間」と呼ばれる情報空間があり、そこにはあらゆる出来事に対する台本が収められている**というものです。そのバリエーションの数は無限で、それはまるでグリッド上に付けることができる点の数と同じくらい無限にあります。

バリアント空間には、起こったこと、今あること、これから起きることがすべて保管されています。透視を行うということは、バリアント空間に入るということです。唯一の欠点は、その情報のバリエーションが無限であるため、物理的な現実では実現されない出来事も見ることができることです。そのため、透視能力者はしばしばまちがった予想をします。バリアント空間では、起こったことのないことも、実際に起こるはずのないことも見ることができるからです。

その意味で、安心してください。誰も自分の未来を知ることなんてできません。なぜなら、どのバリエーションが最終的に物質界で再生されるかは、誰にもわからないからです。同様に、夢の中で見たものが、実際に具現化される領域内にあるかどうかもわかりません。

これはありがたい情報ですね。未来があらかじめ決まっていないのであれば、まだ希望は残っています。トランサーフィンにおいてするべきことは、過去を悔やむことでも、まだ来ていない明日を不安げにのぞきこむことでもなく、**自分自身の現実を意図的に形作る**ことなのです。

✦バリアント空間を飛び回る魂

信じがたい話かもしれません。バリアント空間なんてものが一体どこにあるのか？ そんなことがありえるのだろうか？ とあなたは思っているかもしれません。私たちの三次元的な認識からすれば、実はバリアント空間はどこにでもあると同時に、どこにもないのです。目に見えない宇宙の彼方にあるかもしれないし、あなたのコーヒーカップの中にあるかもしれません。**ひとつ確かなことは、三次元の世界にはない**ということです。

それでいて、私たちは毎晩、バリアント空間を訪れています。夢は一般的な意味での幻想ではありません。私たちは、自分たちの夢が、過去に起きたかもしれない、あるいは未来に起きるかもしれない現実の出来事を反映しているとは考えずに、夢はあくまで空想の話だと軽く考えています。

夢の中で、この世では起こらないような映像を確かに見ることがあります。少なくとも、夢を見た人が、その夢の内容を現実の世界で見たはずがありません。夢が現実を模倣する脳の働きであるならば、この普通とは思えない映像や物語はどこから来るのでしょうか。

もし、人間の意識的な側面がすべて理性に、無意識の側面がすべて魂に帰するのであれば、夢というのは、魂がバリアント空間を飛び回っている間に見ているものかもしれません。夢は理性が作り上げたものではないのです。

魂は情報フィールドに直接アクセスすることができます。そこには、すべての「台本と舞台装置」が映画フィルムのリールのように永遠に保管されています。時間は、「映像フィルム」が動いているときだけ現れます。理性は観察者であり、「考え方を生み出すもの」として働きます。

また、記憶はバリアント空間に直接結びついています。人が一生の間に蓄積した情報をすべて記憶することは、脳にとっては物理的に不可能だとすでに証明されています。では、脳はどのようにして「覚えている」のでしょうか。

脳は実は情報そのものを保存しているのではなく、**そのデータがどこに保持されているかというバリアント空間内のアドレスを記憶している**のです。人が前世を覚えていないのは、肉体が死ぬとそのアドレスが失われてしまうからです。しかし、ある条件下では、そのアドレスを復元することができます。

理性には、まったく新しいものを創造する能力はありません。「古い木材から新しい家を建てること」しかできないのです。科学的発見や芸術の傑作のテーマはバリアント空間から得られ、理性はそれを魂を介して受け取るのです。透視や直感も同じところから得られます。

アインシュタインは、こう記しています。

「科学における発見は、論理的方法でなされたものではない。現れてから、理論で説明されただけである。たとえどんなに小さな発見であっても、それは常にひらめきによるものなのだ。解決策というのは、誰かがあなたの耳元でささやいたように、思いがけず外からやってくる」

よく知られているデータ転送のためのクラウドのような情報フィールドと、バリアント空間を混同してはいけません。バリアント空間は**「永遠の保管庫」**であり、私たちの世界で起こりうるすべてのことを含んでいるのです。

物理的側面と形而上的側面の2つの現実が同時に存在することを認めれば、世界のイメージはより鮮明になります。この2つの現実が鏡の表面で接触するとき、説明不可能な超常現象が起こります。量子が波の性質も、粒子の性質も持ち合わせているという「粒子と波動の二重性」の問題は、この2つの現実がお互い関係しあっていることを指し示しています。

しかしながら、**人間こそが、この現象の最も素晴らしい例であり、物質と精神性を同時に結合している生き物**なのです。ある意味、私たちは巨大な二元鏡の鏡面を生きています。その一面には私たちの物質宇宙があり、もう1つの面には漆黒の無限のバリアント空間が広がっているのです。

魂と理性の一致

✴失われた古代の知恵

このような特殊な立場である私たちが、現実の一面である物理的な面だけを利用して、従来の世界観の枠内で生きていくことは、少なくとも近視眼的であると言えるでしょう。

人間の思考エネルギーは、適切な条件さえ整えば、バリアント空間のどの領域でも具現化することが可能です。トランサーフィンでは、**「魂と理性の一致」と呼ばれる状態において、底知れぬ不思議な力、すなわち「外的意図」の力が生まれる**としています。

一般的に魔法と呼ばれるものは、すべて外的意図と関連しています。古代の魔術師がエジプトのピラミッドを建てたり、その他の奇跡を起こしたりしたのも、この力を利用しているのです。

「外的」意図と呼ばれるのは、それが個々の人間の外側に存在し、その結果、理性のコントロールが及ばないところにあるからです。しかし、ある種の意識状態においては、人はその意図にアクセスすることが可能です。この強い力に自分の意志を委ねる人は、信じられないようなことができるようになるのです。

しかしアトランティスのような古代文明の人々が培ってきたこのようなテクニックを、現代社会ではほとんどの人が失っています。古代の知識の断片は、散在する秘教的な教えやその実践という形で現代まで残されているものの、そのような知識を日常生活に生かすのは非常に難しいことです。

しかしながら、外的意図は、その中でも比較的簡単に使うことができるものです。その鍵は、「**明晰夢**《めいせきむ》」として知られる現象にあります。

通常の夢の中では、理性とは無関係に出来事が進行していきます。「自分は夢を見ている」という事実を認識するまでは、何が起こるかをコントロールすることはできません。夢を見ている人は、「起こっている」夢に完全に支配されているのです。「これはただ夢を見ているだけなのだ」ということに気づいた瞬間、自分たちが驚くべき能力を持っていることを発見します。明晰夢の中では、不可能を可能にできます。夢の中の出来事を意図の力でコントロールすることができ、「空を飛ぶ」などといった信じられないことができるようになるのです。

自分の夢をコントロールする能力は、夢の世界にいる自分を物理的な現実と比べて意識した瞬間に得られます。この意識段階では、夢を見ている人は自分の物理的な現実を「基準点」として持っており、目覚めた瞬間にそこに戻ることができるのです。**物理的な現実というのは、逆に言えば、起きているときの非明晰夢**のようなものです。夢を見ている人は、状況の支配下にあり、その人たちにとって人生はただ「起こっている」だけです。彼らは過去世の記憶がなく、次の意識レベルに上がることができる基準点を持っていません。

しかし、すべてが失われたわけではありません。トランサーフィンには、外的意図を働かせるための代わりとなる方法があります。

✴世界は鏡

人は自分の現実を創造することができますが、それには一定のルールに従わなくてはなりません。普通の人の理性は、**鏡に映った姿（リフレクション）**に影響を与えようとしますが、それではうまくいきません。変えなければならないのは**もとの映像そのもの**であり、その映像はその人の思考の方向性や色合いによって作られているのです。

望むだけでは、望むものを現実世界で手にすることはできません。鏡の片側にある映像は、鏡の反対側にあるバリアント空間の対応する領域と特定のパラメーターが一致しなければなりません。しかし、それだけでもだめです。鏡とどうコミュニケーションをとるか、その方法を知らないといけません。鏡というのは複雑でとても奇妙なものなのです。

こんな変わった状況を想像してみてください。あなたは鏡の前に立っていますが、鏡には何も映っていません。やがて、だんだん像が見えてきます。しかし、それは現像中の写真のように、しばらく経ってのことです。ある日、あなたは鏡に向かって微笑みますが、鏡はまだあなたの以前の深刻な表情を映し出しています。

バリアント空間の鏡は、まさにこういうことです。ただ、その遅れがひどく大きいために、起こる変化を明確に認識することはできないのです。物質化はゆっくりですが、条件がそろえば、確かに鏡への新たな反射（リフレクション）が現れる、つまり望んでいることが現実になるということです。

あなたの映像は、鏡の前にある実際の物体と同じような動きをします。鏡への反射は、物質的な実体を持ちません。それは想像の産物であり、形而上的なものですが、それと同時に映像と同じように現実的なのです。

普通の鏡の仕組みと異なりますが、トランサーフィンの世界観では、**物質的な世界はすべて鏡への反射（リフレクション）にしかすぎない**とします。そして映像のほうは、神の意図と思考によってもたらされたものであり、また神の現れであるすべての生きとし生けるものの意図と思考も映像なのです。

バリアント空間は一種のマトリックス（配列）であり、「裁断」と「縫製」のための型紙であると同時に、あらゆる物質の動きを表現する「ファッションショー」なのです。そこには物質世界で何がどのように起こるべきかという情報が収納されています。

現実で起こりうる潜在的なバリエーションは、バリアント空間の異なる領域を示しています。この空間には、台本と舞台装置、つまり物質がどのように動いていくかが保管されているのです。言い換えれば、それぞれの領域は、それぞれのケースにおいて、何が起こるべきか、それがどのような様相を呈すべきかを決定する場所なのです。

したがって、鏡は世界を現実と仮想の2つに分割しているということです。物質的な形を有するものはすべて現実側の半分に存在し、自然科学の法則に従って展開されます。科学と常識は、「現実に起こっていることだけ」を取り扱います。現実とは、観察でき、直接影響を与えることができるすべてのものを意味すると一般的には解釈されています。

現実の形而上的側面を否定し、物質世界だけを視野に入れると、人間を含むすべての生き物の活動は、内的意図の範囲内での原始的な動きにとどまることになります。内的意図は、私たちの周りにある世界に直接影響を与えることで、私たちの目的を達成する手伝いをします。何かを達成するためには、私たちは一定の手順を踏んだり、押したり、引いたりと、具体的な作業を必要とします。

物質的な現実は直接的な行動に即座に反応するため、直接的な影響力によってのみ結果が得られるという錯覚に、私たちは陥ってしまいます。このアプローチだと、現実的に達成可能な目的の範囲は大幅に狭まってしまいます。これでは、今あるものに頼るしかなくなるのです。それだと物質的なリソースは足らなくなり、可能性は非常に限られてしまいます。

この世界は、どこもかしこも競争にあふれています。同じことを成し遂げようとする人があまりにも多すぎるからです。確かに、内的意図の範囲内では、リソースは十分ではありません。では、目的を達成するための条件や環境とはどこに存在するのでしょうか。答えは、**「バリアント空間の中にだけ」**です。

✴それぞれの世界の層

鏡の向こう側には、すべてが豊富に存在し、競争もありません。どの商品も在庫として置いてあるのではなく、まるでカタログから選ぶように、自分の欲しいものを何でも選んで注文できるのです。それはありがたいことですよね。遅かれ早かれ注文したものが届けられ、代金も必要ないのです。ある簡単な条件を満たすだけ。それだけです。おとぎ話みたいですか？

でも、おとぎ話ではないんですよ！　それこそがまさに「現実」なのです。思考エネルギーが跡形もなく消えることなどありません。**放出された思考のパラメーターに応じて、あなたはバリアント空間の領域を現実化することができる**のです。

私たちには、世界のすべてが物質的な物体同士の相互作用の結果であるかのように見えているだけなのです。ここで重要なのは、起こりうる現実の仮想的なバリエーションが、物理的な現実世界に具現化されるときにバリアント空間が果たす役割です。バリアント空間との微妙な因果関係は、必ずしも認識することができませんが、現実のほとんどを構成しています。

バリアント空間の中にある領域は、原則として個人の意志に関係なく、物理的に具現化されます。というのも、人はめったに目的を持って思考エネルギーを使わないからです。人間ほど発達していない他の生き物だとなおさらでしょう。

「現実世界」にしっかりと足をつけて生活している人は、お店で何も置いていない棚の間を歩き回り、すでに「売約済み」という表示がある商品に手を伸ばす買い物客のようです。そのお店には質の悪い商品しか残っていないし、売れ残りの品物だとしてもとても高価です。それなのに、カタログを見て注文するのではなく、手当たり次第に欲しいものを探しまわっているのです。長い行列に並び、人ごみをかきわけて進み、店員や他の客とのいざこざに巻き込まれます。その結果、欲しいものが手に入らず、最初よりも多くの問題を抱えることになるのです。

その間に「現実は厳しい」という思いがその人の意識の中で生まれ、次第にその思いは今まで以上に現実に反映されます。すべての生き物は、一方では直接的な行動で、他方では思考で、それぞれの世界の層を作り出しています。このような個々の層は、すべての生き物がより広い現実の創造に貢献するように、1つずつ積み重なっているのです。

それぞれの層は、特定の条件と状況で構成されており、それがその人の人生を作り出していきます。人によって、その様子は異なっていきます。好ましいのか好ましくないのか、快適なのか過酷なのか、友好的なのか攻撃的なのか。

もちろん、生まれたときの環境も大きな意味がありますが、人生がどのように展開していくかは、自分自身と環境をどうとらえるかによって多くの部分が決まります。人生観は、ライフスタイルの変化で大きく左右されます。**その人の思考の方向性や色合いに最も合致した台本や舞台装置がある領域が、最終的に物質的な現実として現れる**のです。

内的意図と外的意図

✴「思いどおり」ではない世界

個々の層を形成するプロセスには、2つの要素が関わっています。それは、鏡の片側にある「内的意図」と、もう片側にある「外的意図」です。人は行動によって、物質界にある物体に影響を与えることができます。そして思考によって、まだそこにないものを物理的現実にもたらすのです。

この世の最高のものはすべて売り切れてしまったと思い込んでいる人にとっては、棚は空っぽのままです。質のいいものを買うには、長蛇の列に並び、大金を払わなくてはならないと思っていれば、そのとおりになります。そしてもし、その人が悲観的に考え、疑心暗鬼に満ちているならば、その考えはまちがいなく的中するでしょう。もし、その人が不親切な環境にいることを予測すれば、その不安は現実のものとなるということです。

ところが、「世界は自分のためにベストを尽くしてくれている」という無邪気な思いを抱くだけで、なぜか物事がうまくいくのです。そうやって、人は思考の力で自分の世界の層を形成していきます。しかし、ほとんどの場合、人々はその仕組みを理解していません。

人は、すべてを「思いどおり」にしようとします。

「私は行きたいところに行くし、やりたいときにやる！　私はそうやって変化を起こすんだ！　それのどこが悪い！」とシンプルな理屈を押し通そうとします。

しかし、世界はなぜかこの理屈には従おうとはしません。それどころか、人がある方向に曲がれば、人生はその人を逆方向へと運んでしまいます。

考えさせられますよね。現実がこのように奇妙な動きをするのなら、私たちには別のやり方が必要かもしれません。人生には何か別の法則が働いているかもしれない、ということです。それなのに、私たちは立ち止まって周りを見渡すこともなく、ひたすら前に進み続けているのです。

この私たちの「創造的な活動」の結果、「思いどおり」ではない世界の層ができあがってしまいます。むしろ、「そんなことを望んでいなかったのに」ということのほうが多いのではないでしょうか？　現実というのは、なんと奇妙で、気まぐれで、強情なのでしょう！

世の中が悪意を持っているように感じられることがよくあります。説明のできない磁力によって、あらゆる問題が私たちに引き寄せられるかのようです。私たちの恐怖は現実のものとなり、最悪の予測が的中します。私たちは、嫌悪していて、避けようとしているものに、しつこく付きまとわれます。でも、なぜ？

トランサーフィンの原則は、あなたがそれを何がなんでも避けたいと思っていたのに、「望んでいなかったものを手にする」ことになった理由を説明してくれます。あなたが心から嫌いなもの、恐れているものはありますか？　外的意図は、あなたのもとにその嫌いなものをたくさん運んでくることでしょう。

魂と理性の一致から生まれる思考のエネルギーは、潜在的なものを現実へと変えます。つまり、感情と思考が一致していれば、私たちの思考のパラメーターに対応するバリアント空間の領域が具現化されるということです。

最悪の事態が現実に起こるのは、これだけが理由ではありません。何の問題も起きない人生というのが、実はあたりまえのことなのです。バランスを保ちながら、バリアントの流れに身を任せていれば、人生のすべてがスムーズに発展するはずです。自然はエネルギーの浪費を好まず、騒ぎを引き起こしたいという欲望を持ちません。

不運な状況に陥ったり、不幸な出来事が起こったりするのは、**過剰ポテンシャル**が周りのエネルギー環境に歪みをもたらしたせいです。依存的な人間関係は問題を悪化させるだけです。**過剰ポテンシャルは、何らかの物事が過剰に重要視されることで発生します。**依存的な関係は、自分自身を他の人と比較したり、分類したり、次のような条件を設定し始めたりすると生じます。それは「もしあなたがそうしてくれたら、私はこうするのに」といった条件です。

✴ 過剰ポテンシャルと二極化

過剰ポテンシャルは、歪んだ相対的評価がないかぎりは、必ずしも問題とはなりません。人為的に高められたある対象の評価が、他との比較対象になるやいなや、**二極化**が生じ、**平衡力（バランスをとろうとする力）**の風が吹くようになるのです。平衡力は分裂を緩和しようとし、ほとんどの場合、主にその二極化を生み出した人に影響を及ぼします。

次のものは、条件がついていない過剰ポテンシャルの例です。「私はあなたを愛しています」、「私は自分を愛しています」、「私はあなたが嫌いだ」、「私は自分が嫌いだ」、「私は善良だ」、「あなたは悪者だ」。これらの判断は自己完結的なもので、比較や矛盾に基づくものではありません。

次に、依存関係における過剰ポテンシャルの例をあげます。「あなたが私を愛してくれるのなら、私はあなたを愛します」、「私が自分を愛するのは、私が他の人よりも優れているから」、「私のほうがいいので、あなたのほうは悪い」。「あなたが悪者で、私は善人」、「誰よりも劣るので、私は自分のことが好きではない」、「私があなたのようではないから、あなたは私を退ける」。

最初の言い回しと後の言い回しには、大きな違いがあります。後のほうの言い回しは**比較に基づく価値判断で、二極化が生じています。**平衡力は、対立するものを衝突させ、その異質性を緩和しようとします。それは、磁石の両極が引き合うのとまったく同じ原理です。

そうやってトラブルが向こうからしつこく歩み寄ってくるのです。たとえば、一見相容れないように見える人たちが、まるでお互いを罰するかのように夫婦として結ばれたりするということです。また、どんなチームにも、1人は必ず癪《しゃく》に障《さわ》る人がいるものです。「マーフィーの法則」（悪いことは次々と続くものだという法則）も、同じ原理から生まれています。

二極化はエネルギー環境を歪め、力の均衡を保つための突風を発生させ、その結果、現実はまるで歪んだ鏡のように映りが悪くなるのです。人々は、バランスを崩す何かが原因で問題が発生していることを理解していないようで、その二極化の原因を排除するのではなく、外の世界と戦おうとします。

トランサーフィンの基本ルールである「**自分が自分らしくいることを許し、他の人がその人らしくいることを許す**」を実践すればいいのです。世界をあるがままに自由にさせるべきなのです。自分の気持ちを楽にしてください。

自分の欲求や不満を声高に叫べば叫ぶほど、その望んだことの反対を引き寄せる磁石は強くなります。これは文字どおり、あなたが世界の首根っこを掴んだために、世界が「オレを自由にしろ！」と反撃してくるということです。

押しつけたり、強要したりすることには意味がありません。それは状況をさらに悪化させるだけです。その反対にトランサーフィンの原則では、状況に対するあなたの態度を意識的に変えることが必要だとしています。

マーフィーの法則が存在すること自体、少し奇妙だと思いませんか？　なぜ世界はこんなにも私たちに対して意地悪なのでしょうか？　それとも、すべては憶測と偏見から来るものなのでしょうか？　その傾向は確かに存在し、そこから逃れることはできません。しかし幸いなことに、トランサーフィンではこのパターンの理由を明らかにするだけでなく、どうすれば回避できるかも説明します。

トランサーフィンは完璧で、この原則に従えば、誰でも、特に理由もなく人生に起こる問題から解放されます。少し肩の力を抜き、「世界の首根っこをつかむ」ことをやめてください。そうすれば、世界はたちまち友好的なものになり、あなたを喜んで助けてくれるでしょう。

世界の首根っこをつかんだままの人は、磁石のように望むものと反対のものを引き寄せてしまいます。マーフィーの法則以外にも、法則が働きます。それは、反対のものが出会った瞬間に、その対立をさらに激化しようとする動きが生まれるということです。

それが有名な「**対立物相互浸透の法則**」で、その内容としては「**対立するものがお互いに影響を与え、変化していく**」ということです。これは「ボルガ川はカスピ海に流れ込み、ミシシッピー川はメキシコ湾に流れ込む」という知識と同じくらい、ロシアでは学校で学ぶ基本知識となっています。しかし、そう単純な話ではないのです。なぜ、こんな法則があるのか、よく考えてみてください。

いたるところでこのような結びつきが見られる理由は明らかです。衝突させることで、平衡力がバランスを取り戻そうとするからです。では、なぜ相反する要素が常に衝突するのでしょうか？

✴ 跳びはねるピエロ

衝突することによって、お互いに中立の立場を取ることができて、落ち着くのではないかとあなたは思ってはいませんか？　しかし、そうはなりません。**相反するものは「戦う」機会を得るまで、互いに「挑発」し続ける**のです。いじめっ子を引きずりおろさない限り、争いは終わりません。

こういう例はあげればきりがありません。生きていると、ちょっとイラッとすることもあるでしょう。程度の差こそあれ、誰もがそれなりに経験していることです。基本的に、本質はこうです。**「あなたのバランスを崩すものは、あなたを苦しめる」**

つまり、何かに対して不安や心配を抱いたり、落ち込んでいたりすると、だんだんと神経が過敏になってきます。そしてそれに連動するかのように、ピエロが現れ、跳びはね、わめきはじめ、さらにあなたをいらだたせます。あなたがイライラすればするほど、ピエロはさらに激しく跳びまわるのです。

イライラを助長するやり方はたくさんあります。たとえば、あなたが急いでいて、遅刻するのではないかと心配しているとします。ピエロは手を叩き、もみ手をしながら、こう叫びます。「さあ、行くよ！」

この瞬間から、すべてがあなたの思うようにならなくなります。人々があなたの行く手を阻むようになるでしょう。彼らは規則正しく歩いていますが、あなたは彼らを追い越すことができません。あなたは急いでドアを通り抜けようとしますが、そこには長蛇の列ができていて、世界一のろまに見えるような人々がゆっくりと一歩ずつ進んでいます。道路を走る車も同じです。まるで、あなたの邪魔をすることをあらかじめ打ち合わせしているかのようです。

もちろん、自分が周りのことを遅く感じるということが原因の場合もあります。自分が急いでいるとき、世の中の動きというのは鈍く見えるものです。しかし、エレベーターが壊れたり、バスが遅れたり、交通渋滞が起こったりするなど、はっきりとした兆候が現れてきます。まるで悪意ある客観的な何かがあるようです。

他にも例をあげましょう。あなたが何かを気にしてピリピリしているときに、周りの人はかえってイライラさせることをしてきます。特に1人になりたいときはそうです。

今までお利口さんだった子が悪さをするようになります。隣の席の人がペチャペチャと大きな音を立てて、何かを食べ始めます。いろいろな人があなたにまとわりつき、彼ら自身の問題でこちらを煩わせてきます。いたるところに邪魔が現れます。イライラして待てば、かえって長い間待つことになったり、誰にも会いたくないときにかぎって、誰かがやってくる、などです。そういった例はきりがありません。

「振り子」の法則

✱見えない振り子

あなたがイライラしていればいるほど、外部からの圧力はますます強くなり、ピリピリしていればいるほど、人々はあなたの邪魔をしてきます。面白いのは、実は彼らは意図的にやっているわけではないということです。誰かに迷惑をかけてやろうとは思っていないのです。では、なぜこのような行動を取るのでしょうか。

心理学的に潜在意識には、まだわからないところがいろいろあります。奇妙に聞こえるかもしれませんが、ほとんどの場合、人は無意識に動機づけられているということです。さらに興味深いのは、その無意識のモチベーションは、心理的要因ではなく、外の世界から来ているということです。

その動かす力は、目に見えませんが、**生き物の思考エネルギーによって作り出された、非常に現実的なエネルギー情報体である「振り子」**です。その振り子については、トランサーフィンの第1巻で、たくさん説明しています。対立するエネルギーが発生するところでは、それを食い物にするために、振り子が常に存在するのです。

勘違いをしないでほしいのですが、振り子は何かを企んだり、意図を意識的に実現したりすることはできません。振り子はヒルのようなものです。振り子は、エネルギーフィールドに偏りがあるとそれを二極化として感知して、そのエネルギーを吸うのです。しかし、それはまだ最悪の事態ではありません。

さらに恐ろしいのは、その対立するエネルギーを吸うだけでなく、**人々がさらに同様のエネルギーを放出するように、振り子が人々を煽《あお》る**ということです。振り子は、エネルギーが確実にあふれ出るように、あらゆる手を尽くしてきます。振り子は見えない糸で人を引っ張って、まるで操り人形のように操作します。振り子がどのように人のモチベーションに影響を与えるかはまだ明らかになってはいませんが、振り子は影響を与えるのが非常に上手なのです。

振り子は顕在意識にアクセスすることはできませんし、その必要もありません。**潜在意識で十分**だからです。昼間起きている間であっても、人は誰でも部分的には眠っています。「この瞬間、私は目覚めていて、自分が今何をしているか、なぜそれをやっているか、どのようにやっているか」をはっきりと意識することもなく、自分に問いかけることもなく、私たちはただぼーっと自動的に行動することがよくあります。

特に家にいるときや人ごみの中にいるときは、意識の活性レベルは低くなります。家庭内では、セルフコントロールをする必要があまりないため、リラックスして、ほとんど居眠りをしているような状態です。家の外にいるとき、たとえば親しい友人と一緒にいる場合などは私たちの意識はより注意深くなり、自分を制御する心が働いています。大人数の中では、人の行動は自然発生的で、群集心理の衝動と強い相関関係にあります。

✴ 振り子の目的

振り子がどのように働くかを説明するために、通行人を追いかけ、そして追い抜くというシンプルな例をあげてみましょう。あなたがある歩行者の横を通り過ぎようとしたとき、その人はわざとあなたの行く手を阻むかのように、自然と横へ一歩踏み出します。あなたは反対側から追い越そうとしますが、その歩行者は自動的にそちら側に寄ってきます。

なぜ、前を歩いているその人は方向を変えるのでしょうか？　姿が見えないのに、あなたが通り過ぎようとするのをなぜ気にする必要があるのでしょうか？　もしかしたら、その人は後ろから誰かが近づいてくるのを察知して、本能的に「ライバル」が追い越せないようにしているのではないかという説明も成り立つように思えますが、実はそうではありません。自然界では、本能という観点から考えれば、ライバルは必ずお互いが向き合って立っている状況で生まれます。ですので、**歩行者に方向を変えさせているのは、「振り子」**だということなのです。

人は、出した足を次はどこに置くか、どうすればまっすぐ歩けるか、ということを考えずに、ただ歩いています。そういう意味で、人は眠っていて、時折、進む道筋が自然に左右にずれてしまいます。こっちの方向に進むか、もしくは別の方向へ進むかを決断する場合のモチベーションは潜在意識の中にあり、その**潜在意識は思考に支配されておらず、振り子の影響を受けている**ということです。

歩行者に近づき、その人を追い抜こうとする。これは本当にちょっとした例ではありますが、本質的には、衝突なのです。振り子の目的は、衝突のエネルギーを増大させることであり、そのために歩行者が無意識に片側に寄って、あなたの行く手を阻み、状況をさらに悪化させるように仕向けるのです。

振り子は意図を持たないので、意識的に行動しているわけではありません。平衡力が無意識のうちに働くのと同じ仕組みで、振り子も動いているということです。強調しておきたいのは、ここで話しているのは、まだ解明されていないメカニズムについてであり、意識的存在の合理的な行動についてではない、ということです。私たちが注目しているのは、情報エネルギー世界における現象と法則なのです。

振り子とは一体何なのか、どこから来たのか、どうやって振り子が動いているのか、そしてエネルギーレベルで実際に何が起きているのかを分析しても意味がありません。分析しても、私たちはその真相を知ることはできないでしょう。ここで私たちが問題としているのは、これです。**「平衡力が相反するものを衝突させるとき、その対立で発生するエネルギーを燃え上がらせるために、振り子はあらゆる手を尽くす」**というものです。これが**振り子の法則**です。

家庭内の言い争いであれ、武力衝突であれ、果てしない振り子の争いは、すべてこの法則に従って進行します。対立が生じれば、必ず対立を激化させるような出来事が起こりますが、それには一時的な、見せかけの和解への試みも含まれます。

振り子の法則が働いているときは、常識はまったく通用しません。そのため、個人や国家の行動に常識がないように見えることが非常に多いのです。対立している状況においては、人のモチベーションは振り子の力に支配されます。

だから、自分の行動を振り返ってみて、「まるで夢を見ていたみたいだ」、「私の理性はどこに行っちゃったんだろう?」と思うことがよくあります。「何でそんなことをしたのだろう?」と自問してみてください。その答えとしては、「自分が何をしているのかよくわからないまま、潜在意識から行動をしていたから」ということになります。そして、自分の意識が外部の影響から解放されたときに初めて、客観的に振り返ることができるようになるのです。

仲よしだった人たちが喧嘩をし、距離を置くようになります。二人が素晴らしく仲よくしていたときに共に楽しい時間を過ごしてきたにもかかわらず、お互いに相容れないと思い込んでしまうのです。突然、人が変わり、その行動が悪意に満ちたものになります。相手は、もう前のような人物ではありません。その変化はかなり急なものです。こういうことに、心当たりはありませんか?

現実には、どちらかのパートナーが変わったという問題ではありません。相手が受け入れがたい行動をとるのは、**振り子がそのような行動をとるように仕向けているか**らなのです。

振り子は、対立している人々の、潜在意識下のモチベーションをコントロールしています。**このコントロールは、対立のエネルギーを増大させるように設計されています。**一般的に、人は何が自分を攻撃的にさせるのか、気づきません。なので、人はまったく非論理的な、あるいは異常な行動をとることがあります。

こういった仕組みは、残忍な犯罪でも見られます。罪を犯した者は、後に裁判にかけられたとき、自分の犯罪を思い出しては、困惑するのです。「一体、私はどうしてしまったのだろう？」と。それは嘘を言っているのではないのです。加害者にとっても、その犯罪はときに驚くような出来事であり、犯人は自分がやったことをまるで恐ろしい悪夢のように記憶しているのです。

✴振り子から「外れる」ために

人の関心が何かにからめ取られたときに、眠りは特に深くなります。特に、軍隊や政治集団、宗教団体のような特定のコミュニティでは、ある種の思考や行動の固定観念を支持する環境が作られます。そのような環境に置くことでその人を「眠らせ」、振り子はその人の潜在意識を言いなりにしてしまうのです。そして、外から客観的に見ている者にはまったく理解できないようなことが起こってしまいます。

なぜ人々は、異なる神を崇拝しているという理由だけで、他の人をそれほどまでに残酷に殺すことができるのでしょうか？　自分の邪魔をしているわけでもないのに。戦争のせいで人々はひどい目にあい、何十人、何百人、何千人、何百万人という人が死んでいきます。同じ人間なのに、どうしたというのでしょうか？　富や土地のために戦うのはまだ理解できますが、信仰のために殺戮《さつりく》をするのは説明ができません。

平和という理想は、誰の胸の中にもありますが、戦争は続いています。唯一神という概念は非常に明確で、善、正義、平等（例をあげればきりがありません……）の概念も同じです。誰もが知っている言葉なのに、共通認識がないために、「悪」が勝利するのです。悪はどこから来るのでしょうか？

振り子は普遍的な悪の根源です。少し観察すれば、それは明らかです。対立があれば、その対立エネルギーは増加する方向に進みます。一時停戦となっても、その停戦で新たな力を得て再び争いが起こるのです。

もちろん、振り子にはさまざまなものがありますが、程度の差こそあれ、すべてが破壊的です。中には比較的無害なものもあります。たとえば、トランサーフィンの振り子の目的は、できるだけ多くの人に、何が本当に起こっているのかを考えさせることにあります。

振り子から完全に解放されるかどうかが問題ではありません。そんなことは不可能なのです。重要なのは、自分自身を操り人形にしないこと、自分の行動を意識すること、そしてこれらの仕組みを自分にとって有利になるように利用することです。では、どうすればその影響から解放されるのでしょうか。

目を覚まして、振り子がどのように自分を操ろうとしているのかに気づき、何が起きているのかを理解すれば、半分勝ったも同然です。振り子の影響力の強さは、意識の明瞭さに反比例しています。つまり振り子は、「昼間にあなたが眠りに落ちている間」だけ、影響力を持つのです。

最も重要なことは、それが何らかの形で個人的に役立つのでないかぎり、破壊的な振り子の戦いに巻き込まれないようにすることです。もしあなたが群衆の中にいるのなら、「行動」の舞台から観客席に降りてきて、周囲を見回し、目を覚ます必要があります。

「私はここで何をしているのだろう？　何が起きているのか、私は完全にわかっているだろうか？」と自問してみてください。そして「なぜ私はここにいるのだろう？」と。

目覚めの状態になるためには、前述のように問いかけ、意識を明瞭にしなくてはいけません。

「今この瞬間、私は目覚めていて、自分が何をしているのか、なぜ、どのように、それをしているのかを完全に意識している」

もしこのレベルの意識を維持できれば、すべてがうまくいくでしょう。そうでなければ、争いに巻き込まれてしまい、それがどんな些細《ささい》な争いだとしても、操り人形となってしまいます。

何かにイライラしている場合は、事態はもっと難しくなります。ピエロはうれしそうに跳びまわりつづけ、あなたはヘトヘトになることでしょう。これは振り子があなたの関心をからみ取ったことを意味します。振り子から解放されるには、無関心になる必要がありますが、これはなかなか難しいことでしょう。

たとえば、隣の部屋からうるさい音楽が聞こえてきて、あなたは本当に困っているとします。あなたのすべきことは、**何としても振り子から、自分を「外す」**ことです。自分自身が反応しないようにすることは、ほとんど不可能なことです。自分の感情を抑えようとしても無駄です。それよりも、何か別のことに意識を向けるほうがいいのです。自分の好きな音楽を聴いてみてください。あまり大きな音ではなく、ちょうど隣の人の音楽がかき消されるくらいの音量で。他の方法で気を紛らわすことも考えてみましょう。他のことに意識を集中させれば、隣から聞こえてくる音楽も次第に小さくなっていくことでしょう。

他の状況でも同じ原理が当てはまります。もし「ピエロが踊っている」のであれば、あなたの意識は一種の罠にはまったことになります。対立のエネルギーを増大させることを目的とした振り子のゲームに巻き込まれたのです。**この罠から解放されるには、意識を他に向ける必要があります。**一般的に言って、状況はそれほどひどいものではありません。あなたが眠りに落ちていないかぎり、あなたに「嫌がらせをする」ような出来事は何も起こりません。

こんな話はバカバカしいと思うかもしれません。何かの存在があなたをコントロールしているという考えに慣れるのは簡単ではありません。この知識を受け入れるかどうかは、個人の選択の問題です。信じる必要はありません。単に観察し、自分なりに結論を出せばいいのです。

以上が、トランサーフィンのコンセプトの簡単な要約です。もし、トランサーフィンの原則を扱う過程で、理解できないことが出てきたら、いつでも原典である『トランサーフィン』を参考にしてみてください。

日々のトランサーフィン

1日目

目覚め

原則

目を覚ましてください。今すぐ、ここで！　誰もが夢を見ているのであり、あなたの周りで起きていることはすべて夢以外の何ものでもないことに気づいて、それをいつも心に留めておいてください。そうすれば、その夢はもうあなたをコントロールすることはできません。

夢の中で目覚めたあなたは、物事の成り行きに影響を与えられるようになります。**「目覚めている」という優位性**を手にしたのです。自分の強さを感じてください。自分の内なる強さを思い出すだけでいいのです。
これからは、すべてがあなたの思いどおりです。

解説

今世に生まれたということは、過去の一連の出来事、現実という夢からの新たな目覚めを意味しています。

この世に生まれたときは、あなたは素晴らしい能力を持っていました。明け方の星のさざめきを聞き、オーラを見分けて、鳥や動物とコミュニケーションを取ることができたのです。世界全体が光り輝くエネルギーの驚くべき祭典であり、**あなたはそれを操ることができる魔術師**だったのです。

しかし、やがてあなたは他人の影響下に置かれ、夢に取り込まれてしまいました。夢を見ている周りの人たちは意図的に、あなたの意識を絶えず、現実の物質的な側面だけに向けさせようとしました。

その結果、あなたの魔法の力は失われてしまったのです。

人生は夢と同じようにただ起こっているだけであり、あなたが現実をコントロールしているのではなく、現実があなたをコントロールしているように感じているのではありませんか？

今こそ、あなたのかつての力を取り戻すのです。

2日目

夢の乗っとり

原則

人生は、自分に押しつけられたゲームであると、今すぐに気づいてください。

ゲームに夢中になっている間は、状況を客観的に判断することも、出来事の成り行きに本質的な影響を与えることもできません。まずは客席に降りてきて、周りを冷静に見て、「この瞬間、私は完全に目覚めていて、自分がどこにいて、何が起きていて、何をしていて、なぜそれをしているのかをわかっている」と自分に言い聞かせるのです。

そして、ステージに戻り、自分の役割を演じ続けてください。それと同時に他の観客と同じように、観察者でもあり続けてください。これであなたは、「目覚め」という大きな優位性を手に入れました。

あなたは**ゲームを乗っとり、それをコントロールする能力を身につけた**のです。

解説

夜、夢を見ているときには、あなたは夢の状況に翻弄《ほんろう》されています。理性はまどろみ、すべてが決められたように進んでいくのをおとなしく受け入れているだけです。それは朝起きても、なんら変わりがありません。現実というのは独立して存在していて、自分は無力で、それに影響を与えることなどできないと考えているのかもしれません。

自分の運命、与えられた能力、置かれた環境に甘んじている場合がほとんどです。あなたにできることと言えば、運命の流れに身を任せながらも、時折、自分の権利を声高に叫ぶだけです。本当に現実など変えられるのでしょうか？

もちろん、できます！　変えるのはあなたです。これまであなたは、今まで教えられたとおりに現実をとらえてきました。でもこれからは、**現実は夢と同じなのだと気づいてください。**現実を明晰夢だととらえることで、あなたは状況をコントロールできるのです。

舞台の上では、誰もが役を演じていて、何らかの形であなたと関わっています。彼らはあなたに何かを期待し、要求し、強要するかもしれません。または、彼らはあなたを助け、妨害し、愛し、憎むかもしれません。

離れたところから、ゲームを意識的に見てください。

そうすれば、すべてを理解することができます。

3日目

神の子

原則

私たち一人ひとりの中に、神のひとかけらがあります。あなたは神の子であり、あなたの人生は神の夢なのです。意図の力を使って現実をコントロールすることで、あなたは神の意志を実行することができます。あなたの意図は、神の意図なのです。

それなのに、自分の意図が実現されることを、あなたはなぜ疑っているのでしょうか？　ただ必要なのは、その権利を行使することです。

神に何かを求めるのは、神が神自身に何かを求めるようなものです。神が自分自身に何かを頼んだりするでしょうか？　また神が、他の人間に何かを要求するようなことがあるでしょうか？

神はただ、自らの望むものを手に入れるだけです。**頼んだり、要求したり、必死に追い求めたりしてはいけません。**自らの意図を使って、自分自身の現実を形作ってください。

解説

世界は夢という劇場であり、その中で神は観客であり、俳優であり、脚本家であり、プロデューサーなのです。神は観客の1人として、世界という舞台で繰り広げられている演劇を観察しています。

神は、役者として、自分が演じている役柄と同じように、すべてを感じ、すべてを経験します。神は、すべての生き物の意図を通じて、現実を創造し、支配しています。神はその意志の一部を魂と一緒にすべての生き物の中に入れ、それらを夢の中、つまり今生へと送り出したのです。神はすべての生きとし生けるものに、その意識のレベルによって、自らの現実を創造する自由と力を与えました。

しかし実際は、すべての生きとし生けるものは、明確な目的を持って、意図を使うことを怠っています。夢だと気づいていない夢の中で、何かを望んでいることを漠然とは意識しているようですが、具体的に何を望んでいるのかはよくわかっていません。

したがって、そういった意図は、あいまいで、ほぼ無意識なものとなっています。そのため、人間は、動物と変わらなくなりました。

振り子は、人間が自分の能力に気づかないようにするだけでなく、神に仕えるという概念を、神への崇拝に置き換えて、人生の意味そのものを曲解させてしまいました。

しかし、実際には**人生における真の目的や神への奉仕の意味は、共創、つまり神と一緒に創造すること**なのです。

4日目

スター誕生

原則

本物の成功を手に入れるためには、一般的に広く受け入れられているスタンダードに従うことをやめ、自分の道を歩むことです。一般的なシステムから抜け出した人が、新たな成功の尺度を生み出すのです。

振り子は、個性には耐えられません。振り子は将来性のある人物（ライジング・スター）に目をつけてお気に入りにするしかないのです。新しいルールができると、群衆はUターンをして、その将来性のある人物の後をついていきます。

自分のルールを確立するためには、自分らしくいなければなりません。あなたにはそれができます。その特権を行使すればいいだけです。その権利を使うかどうかは、あなた自身が決めることです。

解説

多くの人々は、自分たちは完璧にはほど遠く、成功や富や名声はエリートだけのものだと言われて一生を過ごします。振り子は、誰にでも成功できるチャンスがあることを否定はしませんが、人がそれぞれ独自の資質と能力を持っているという事実を慎重に隠しています。

振り子にとって、個性は死そのものなのです。もしすべての信奉者が支配の糸を振り払って自由な存在となったならば、振り子はただ消え去るのみです。

スターはそれぞれ別々に生まれますが、それを際立たせるのは振り子です。成功の基準となるロールモデルは、大衆の願望を一方向に駆り立てるために意図的に作られます。

つまり、振り子の役目は、みんなを1つの枠組みに押し込め、共通のルールに従わせることなのです。その枠組みの外に出なければならないことに気づかないかぎりは、何も達成できません。自分がルールを作っているのではない他人のゲームに参加しても意味がないのです。

何をするにしても、常に自分自身のゲームを始めること。

それが成功の秘訣です。

5日目

世界という鏡

原則

世界はあなたが考えていることで成り立っています。世界は、あなたと世界との関係性を映し出す鏡です。人生とは、世界がそのすべての住人に同じ謎かけをするゲームです。

「オッケー、当ててごらんなさい。私はどう見えますか?」

誰もが自分の受けとめ方に従って、それぞれ答えます。「あなたは攻撃的だ」とか、「あなたは親しみやすい」とか言ったりする人がいると思えば、「陽気、陰気、友好的、敵対的、幸福、不運」という言葉を使う人もいるでしょう。おもしろいのは、このクイズでは、誰もが正解者であることです。**世界は全員に同意し、命じられた装いになって**、各人の前に姿を現します。

あなたは自分の世界をどう思っていますか？

解説

この世の最高のものはすべて売り切れてしまっていると思っている人たちにとっては、棚は空っぽのままです。質のいいものを買うには、長蛇の列に並んで、大金を払わなければならないと思っていたら、そのとおりになります。

もし、その人の予想が悲観的で疑心暗鬼に満ちていれば、それはまちがいなくそのとおりになるでしょう。自分の周りの人はみんな不親切だと思うなら、その予想は現実のものとなります。

しかし、世界は自分のために最高のものを用意してくれているという無邪気な思いが身についている場合にも、これもまたそのとおりになるのです。

「苦労しないと何も手に入らない」という世の「常識」を知らない変わり者が、店のカウンターに立つと、なぜだかタイミングを合わせたかのようにちょうど品物が届きます。そしてその変わり者は代金を支払うことなくそれを手にします。

その後ろにはすでに人々が列を作っています。その列に並んでいる人たちは、「人生は悲惨で、あのバカはただ運がよかったのだ」と思っているような人たちです。

ある日、その幸運な変わり者が「人生の現実」に直面し、世界に対する見方を変えると、それに応じて彼の現実も変わります。そして、ついに「現実が見えるようになった」とき、その変わり者は列の一番後ろに放り出されてしまうのです。

6日目 ブーメラン

原則

あなたが世の中に出したどんな考え方も、ブーメランのようにあなたのもとに戻ってきます。何かを憎むとどうなるでしょうか？　憎しみという点で魂と理性の一致が起こり、鮮明ではっきりした憎しみの映像が鏡に映り、あなたの世界の全層を満たします。

その結果、あなたはいらだち、感情のパワーを増大させるのです。自分の心の中で、みんなを地獄に送ってやりたい気分になっています。

「お前らみんな消えちまえ！」

しかし、鏡はブーメランを投げ返してきます。「どっか行け！」とあなたが言うと、あなたのほうがどこかに放り投げられてしまいます。

世界の鏡にネガティブなエネルギーを送り込まないように注意してください。さもないと、まったく予期せぬ形でネガティブな反応が返ってきます。

ちなみに、愛もブーメランのように戻ってきますよ！

解説

思考は世界という鏡で具現化されます。 たとえば、自分の外見に満足していなければ、鏡で自分の姿を見るのは楽しくないでしょう。あなたは、自分の気に入らない特徴に全神経を集中させ、それを事実として述べます。鏡に映る自分の姿は、自分が自分についてどう思っているかに応えることを理解してください。

新しいルールはこうです。

「鏡をじっくり見るのではなく、チラッと見る」。

ポジティブなものを探し出し、ネガティブなものは無視してください。そういったフィルターを通して、見るようにするのです。自分が望むものに意識を集中させてください。

前はどんなふうにしていましたか？「私は自分が嫌いだ。私は自分の世界が好きじゃない」と確か言っていましたね。「まさにそうだ。そのとおりだね」と鏡はその事実を確固たるものにするだけでした。

今、あなたがすべきことは、それとは別のことです。これからは、自分が気に入っているところを探し、それと同時に望むものをイメージするのです。そして**ポジティブな変化の兆しを見つけ出す**のです。日を追うごとに、物事がどんどんよくなっていくのがわかるはずです。

これを定期的に練習していけば、驚くようなことが起こるでしょう。

7日目

鏡に映っているのは幻影

原則

人は鏡の前にいる子猫のようです。自分の姿を鏡で見ていることに気づいていません。あなたは自分が状況の手の中にあり、変えることなどできないと思っているかもしれませんが、そう思っているのは幻想であり、それは偽りの仕掛けなのです。そして、その仕掛けは望めば簡単に壊せるものです。無意識のうちに、あなたは閉ざされたサイクルの中を動き回っているだけなのです。

あなたは現実を見ては、自分と現実との関係性を語ります。鏡は、その関係性を確かなものにします。それは閉ざされたサイクルのフィードバック・システムのようなものです。現実はあなたの思考の反射（リフレクション）として映し出され、そしてあなたの思考は、そのリフレクションによって決定されます。

自分自身の現実を創造する秘訣は、このサイクルを逆方向に回すことにあります。自分自身をまず見て、その後で鏡を見るようにしてください。

解説

世界との関係性の中で、人が鏡に囚われると（現実に対する原始的反応）、鏡に映ったものを変えようと鏡の反射を追いかけます（これも同様に原始的反応）。では、その鏡のサイクルを逆にしてみましょう。

まず、自分と世界との関係性を明言します。すると鏡はそれを現実に反映するので、そのあとに現実を観察してみましょう。その結果、何が得られるでしょうか。

鏡に映し出されたものを、これまでのように無力に受け入れる必要はありません。その代わりに、意図と目的を持って、映像を確固たるものにしていけばいいのです。習慣的に鏡に映るものに不満を募らせるのではなく、**鏡から目をそらし、頭の中で自分が見たい映像を作り始める**のです。

それが、鏡の迷路から抜け出す方法です。そうすると世界は立ち止まり、あなたを迎えにやってきます。

あなたが現実との関係をコントロールできるようになると、外的意図が働き始めます。外的意図にとって、実現できないことなど何もありません。あなたがすべきことは、意識の向ける先を鏡に映ったものから、映像に切り替えることだけなのです。つまり、自分の思考をコントロールすることです。

望まないこと、避けたいことを考えず、望むこと、実現したいことを考えましょう。

8日目

ピンクの双子

原則

世界中に「ピンクの双子が住む楽園」がたくさんあります。もし、あなたもそのような場所に行きたければ、「バラ色メガネ」をかけて、「そんなメガネなんて外せ！」と言う人のことを無視する必要があります。

楽園の音色が日常生活で聞かれることはほとんどありませんが、もし少しでも、日々の暮らしで楽園を感じることができたなら、幻に見えるその光を捕まえて、焦点を合わせるのです。

そうすれば、楽園の木漏れ日はより頻繁に降り注ぎ、あなたの世界は思いもかけない変容を遂げることでしょう。

解説

晴れた日に雨が降っているのを見たことがありますか？　空にかかる二重の虹（ダブルレインボー）はどうでしょう？　ピンクの服を着た双子とすれ違ったことは？

1つシンプルなことを理解してください。あなたが自分の世界を明るい虹色に染めるか、それとも暗い色に染めるかは、すべてあなたが世界をどうとらえるか次第だということです。

もし、あなたの考えていることの大部分がネガティブな経験に関連するものであれば、人生は時が経つにつれて悪くなっていくでしょう。その逆もまた然り、です。

もしあなたの魂が、天気が悪くても**「雨の中で歌い、水たまりでバシャバシャと遊ぶ」**なら、あなたの世界は常に喜びで満たされることでしょう。天国と地獄は、どこか別の次元にあるのではなく、この地上にあるのです。

たとえば、刑務所のような場所がありますが、それはあなたがいる場所ではなく、あなたの世界ではありません。しかし、あなたが犯罪情報に関心を向ければ、あなたの世界になる可能性があります。

事故や大惨事、自然災害などの出来事も、ニュース報道にのめり込めば、あなたの現実の一部となる可能性があります。

自分の世界で見たいものだけに、意図的に関心を向けましょう。それ以外は目をそらして、見たり、聞いたりしないでください。現実から悪を完全に消すことはできませんが、**あなたの世界の層からは悪を消すことは可能**です。

あなたはネガティブなものに遭遇しなくなることでしょう。

9日目

安《あん》堵《ど》のため息

原則

あなたのエネルギーレベルがかなり高くないかぎりは、トランサーフィンを行うことはできません。通常、あなたのエネルギーの多くは、まだ実現できていない山のような計画に費やされてしまっています。

目的を持つことで意図のエネルギーを活性化できますが、それはその目的に向かっているときだけです。目的に向かう覚悟を決めていないうちは、そうではありません。

頭にあるだけの計画を捨てるか、実現に向けて一歩を踏み出すか、どちらかにしてください。**もっと自分を解放して、自由を与えてあげてください。**自分を苦しめている制限をリストアップして、それを振り払ってください。

そうすれば意図のエネルギーが瞬時に解放され、前に進むことができるようになります。

解説

多くの人が、絶え間ない重責、やり残した仕事、厳しい状況、未達成の計画、数え切れないほどの目標など、あらゆる面で重荷を背負いながら人生を歩んでいます。

何があなたの気分を憂鬱《ゆううつ》にさせているのか、よく考えてみてください。

それらが重荷になっているだけだと気づけば、遠慮なく手放すことができるでしょう。実現できない重荷を常に引きずっていることに、意味はありません。

その例としてあげられるのは、「他の誰よりも優れていなければならない」、「自分の価値を、自分自身と他のみんなに証明してみせるんだ」、「必要なのは勝利だけだ！　負けるようなら、オレはダメだ!」、「失敗するわけにはいかないんだ」といったようなものです。

他にも「タバコをやめる」、「外国語を学ぶ」、「月曜から新しい人生を始める」といったものもあるでしょう。

いつも後回しにしているなら、それは余分な荷物なのです。

意図は実現されるか、手放されるかのどちらかでなければなりません。余分な荷物はエネルギーを奪い、無駄にします。あなたにも密かに処分しようと思っていながら、なかなかそうできない鉛のような重荷が1つぐらいあるのではありませんか?

それを肩から下ろしたとき、どんなにほっとした気持ちになるかを想像してみてください。

10日目

解放

原則

「それが自分のものになるのは当然だ」と確信できるなら、あなたはそれらすべてを手にすることになるでしょう。

あなたの選択は絶対的掟《おきて》であり、無条件で達成されます。選択の自由、所有の決意は、意図のエネルギーによって生み出されます。しかし、内的・外的重要性という過剰ポテンシャルが、あなたのエネルギーの大部分を消費するなら、あなたの意図は力を失います。

物事の重要性を手放すためには、自分の行動に意識を向け、過大な重要性を与えている物事とそれによる結果に気づくことが必要です。過剰ポテンシャルのエネルギーは、行動によって解消されます。**ゴールのコマを頭の中で流し、ただ静かに目的に向かって一歩を踏み出すのです。**

それがあなたの取るべき行動のすべてです。

解説

どうしたら恐れをなくすことができるでしょうか？　それはセーフティネットや代替案を用意しておくことです。どうしたら不安や心配はなくなりますか？　それは行動することです。不安や心配の過剰ポテンシャルは、行動によって解消されます。どうしたら待つことや期待することをやめることができるでしょう？　それには、敗北の可能性があっても、動くことです。動くことで願望と期待を解消できます。

自己価値の問題をどう乗り越えましょう？　自分の価値を事実として受け入れ、それを高めようとする行動は一切しないことです。イライラするのをやめるには？　振り子のルールを破って、振り子と遊ぶのです。あなたがありえないようなバカげた反応をすることによって、振り子はリズムを乱し、振り子は何も奪えなくなってしまいます。

どのように罪悪感という感情を手放しましょう？　自分を正当化するのをやめることです。侮辱や憤慨の感情にどう対処しますか？　争うのをやめて、バリアントの流れに身を任せましょう。恨みや怒りの感情を手放すことができないと感じたら、どうしたらいいでしょうか？　欠点のある自分を許してください。勝利へのプレッシャーから自分を解放してください。

最後に、深刻な問題から生じる重圧で自分がつぶれないようにするには、どうすればよいのでしょうか？　それには、「意図や重要性を調整する」というコーディネーションの原則を守ることです。過剰ポテンシャルと闘うのではなく、純粋な意図で行動することです。

意図は、動く過程で浄化されていきます。

11日目

自信

原則

自信を持つためには、自信を持たなければならないという思い込みをまず捨てるべきです。物事の重要性を高めることで、自信のなさが生まれるからです。

「自分に重要性を与えなければ、守るべきものも得るものもないのですから、よりどころとしての自信など、私には必要ありません。恐れることも、心配することもないのです。すべてのものに過度に重要性を与えなければ、自分の世界は純粋で透明なままです。

私は戦うことを拒み、バリアントの流れに乗ることを選びます。私は振り子にひっかけられるものを何も持っていません。争う必要もないのです。ただ静かに自分の道を進み、その途中で自分のものを手にするだけです」

そのときに必要なのは、揺れ動く安定しない自信などではなく、**意識的で落ち着いたコーディネーション**なのです。

解説

不安は、悪循環を生み出します。目的が重要であり、それを達成したいという気持ちが強ければ強いほど、不安は大きくなり、自分と状況をしっかりコントロールしようとすればするほど、身動きがとれなくなります。

そして不安を感じれば感じるほど、その不安は現実のものとなるのです。自分の価値を高めるための戦いはあなたのエネルギーを消耗させ、罪悪感はあなたの人生を哀れで空しいものに変えてしまいます。

どうすれば、この複雑な迷路から抜け出せるのでしょうか？　抜け出せません。出口がないのです。

迷路から出る秘密は、出口を探すのをやめることです。物事の重要性を手放したとき、迷路の壁が勝手に崩れ落ちます。

自己価値を証明するための戦いをやめれば、あなたの価値は無条件で証明されるようになります。他人に対して自分を正当化するのをやめれば、罪悪感を抱かなくなります。それと同じように、外的重要性を低くすれば、その重要性に支配されなくなるのです。

結局、**完璧なコーディネーションとは、魂と理性が調和していること**です。そのためには、自分の心の声に耳を傾け、自分の信条に忠実であってください。

それだけで十分です。

12日目

バランス

原則

周囲の世界とのバランスがとれているときには、人生はスムーズで快適なものになるでしょう。特に努力することもなく、目的を達成できるようになります。

しかし、あなたが過剰ポテンシャルの高い壁を築いてしまうと、平衡力との戦いに人生を費やすことになってしまいます。

困難な状況に直面したとき、自分がどこで無理をしたのか、何に執着しているのか、どんな人や物に過剰な重要性を置いてしまったのかを認識するようにしましょう。**何**

に重要性を与えているかをはっきりさせ、それを手放すのです。そうすれば、壁は崩れ落ち、障害は取り除かれ、問題は自《おの》ずと解決されるでしょう。困難を克服しようとしないでください。その重要性を下げるのです。

解　説

世界のすべてのものは、バランスをとろうとしています。過剰エネルギーのあるところでは、それを排除しようとして、平衡力が生まれます。何かに過剰に重要性を与えると、意図したものとはまったく逆の結果が生じます。

たとえば、自分自身に批判的だと、自分の魂と対立するようになります。平衡力はバランスをとるために、あなたを欠点と格闘させ、その欠点を隠させようとします。その結果、さらに欠点が目立つようになるのです。

世界に対して批判的であると、多くの振り子と対峙することになります。平衡力が、あなたを攻撃し、どこかに追いやろうとしてきます。重要性を下げるのと同時に、何かを押しつけないようにしてください。

外的重要性を下げるというのは、物事を軽んじたり、過小評価したりすることではありません。人生を深刻に考えすぎないということです。物事というのは、軽視するべきものでも、誇張すべきものでもありません。

世界をありのままに受け入れましょう。

内的重要性を下げることは、従順になることや自己卑下することとはまったく違います。自分の長所や短所を誇張したり、軽んじたりしないでください。

ただ、自分が自分であることの贅沢を味わうのです。

13日目

魂の魅力

原則

魅力的な人物の秘密とは何でしょうか?

それは、彼らがネガティブな映画のコマを頭の中から捨て、ポジティブなコマに置き換えているということです。魅力とは、魂と理性が、お互いのことを大切に思いやっているがゆえに生まれてくるものです。

魅力的な人物は、自分の魂に喜びを感じ、人生を楽しみ、自分への愛に満ちていま す。それはナルシシズムではありません。この喜びの感覚は他人に容易に気づかれます。

そんな魅力ある人はあまりいませんが、あなたもその1人になれます。自分の魂と向き合い、自分を愛し、自分の目的に向かって一歩踏み出すだけでいいのです。そうすると、資質が変わるだけでなく、体も格好がよくなり、顔も魅力的になり、まばゆいばかりの笑顔が輝くようになるでしょう。

解説

魅力の秘密は、魂と理性の一致にあります。あるがままの自分を受け入れ、自分を愛し、好きなことをしているときは、人は自分の信条に沿って生きていて、内なる光を放っています。これこそが、多くの人に欠けているものです。だからこそ、人々は、電球に集まる蛾のように、魅力的な人物に引きつけられるのです。

エネルギーレベルでは、**魅力とは魂と理性が一致したときの純粋な放射のこと**です。エネルギーフィールドを強化することで、周囲の人に影響を与え、人々を味方につける並外れた能力が身につきます。

自由なエネルギーに満ちている人は、他人に関心と好意を抱《いだ》かせます。

自分を無条件に愛することが難しい場合は、以下のような思考フォーム（思考の形）を宣言し、エネルギーフィールドを強化してください。

「私はエネルギーにあふれています。私のエネルギーレベルはどんどん上昇しています。私は強力なエネルギーフィールドを持っていて、それは毎日、強くなっています。私は愛と魅力のエネルギーで輝いています。私は純粋なエネルギー源なのです。私のエネルギーフィールドを人々は感じ取り、私に対して好意的です」

人々があなたに純粋に惹かれるのを感じたら、そのテクニックが実際に機能していると自分に言い聞かせてください。理性は、そういったことを肯定するあなたの声を聞く必要があるのです。というのも、理性は「本当にそんなことが可能なのだろうか？」と常に疑っているからです。

14日目

自分への愛

原則

自分を愛さなければ、誰も愛してくれませんし、さらに言えば、決して幸せにはなれないのです。魂と理性の葛藤は、その人の外見や性格に悪影響を及ぼします。その結果、自分の世界の影はますます濃くなっていきます。

まず何よりも自分を愛し、それから他人のよさに目を向けましょう。

振り子は本来の自分を裏切るように仕向け、魂から目を背けさせるということを覚えておいてください。

「あの人たちは、あなたより優れているから、彼らと同じように行動し、彼らのようになり、決められた枠組みの中で自分の場所を確保すること。あなたは歯車以外の何ものでもないのだから」というルールに従うようにと、振り子は仕向けてくるのです。

しかし、実際は、あなたは唯一無二の存在なのです。自分と向かい合い、ありのままの自分を受け入れ、自分らしくいることを許容し、自分はこれでいいんだと強く思ってください。

そうすることで、自分自身への誇りと自分を大切にできる根拠が生まれます。

解説

いったん他人の基準に合わせる道を歩んでしまった人にとって、いきなり自分を好きになることは難しいでしょう。

「自分のことが好きじゃないのに、どうして自分を大切にできるの？」

これは、**外的・内的重要性が膨らんで生まれた、純粋な形の過剰ポテンシャル**です。

外的重要性とは、あなたが他人を完璧なロールモデルとして認識することです。あなたは他人の資質を高く評価しすぎてはいませんか？

内的重要性とは、他人の基準に自分を無理やり従わせることです。あなたがその人たちよりも劣っているなんて、誰が言ったのでしょうか？　あなたの自己評価は少し低すぎませんか？

自分を愛するために必要なのは、**外的重要性を台座から蹴落とし、偶像崇拝をやめる**ことです。自分自身の基準を設定することを妨げているのは誰ですか？　他の人があなたを追いかけるように仕向けてください。

内的重要性を捨て、自分を解放しましょう。自分の欠点はしっかり受け入れて、自分の長所のほうに意識を向けるようにしましょう。

15日目

私の目的は、私

原則

もしあなたが別れを嘆いていたり、報われない愛に苦しんでいたり、愛を求めていたりするのなら、まず自分自身を愛することが必要です。もし自分をありのままに愛せないと感じるなら、まずは**自分のケアをして、自己成長に意識を向けてください。**スポーツジムに通う、外国語を勉強する、いつもと違う格好をしてみる、魔法のタトゥーを入れる、魔法のお守り（ペンダントや指輪）を見つける、などです。

自己成長に取り組むことで、人生の新たな意義が見つかるかもしれません。他に目的が見つからない場合でも、もしかしたら、自分自身をケアすることが、あなたの新たな目的になるかもしれません。これは本当に価値ある目的で、あなたに成功と豊かさをもたらしてくれるでしょう。

あなたには最高がふさわしいのです。

解説

他人が評価してくれたときだけ自分に満足し、他人が愛してくれたときだけ自分を愛せるのが人間の性《さが》です。しかし、世界は鏡なのです。

映像自体に愛がなければ、それが鏡に映ったものにどうして愛があるというのでしょうか？　鏡は、そこにないものを映すことはできません。そうやって悪循環の鏡のサイクルが生まれます。

では、どうすればそれを断ち切れるのでしょう？

それは非常に簡単です。まず、人は、自分が大切に扱っている人を好きになるというのは、よく知られた事実です。なので、まずはもっと自分をケアし、自分を大切にし、「自分のための時間」を持つようにしてください。

また、**愛はブーメランのようなもの**です。なので、あなたが世界に愛を送れば、それはあなたに返ってきます。恐れや不信、否定を抱くのではなく、愛で輝けば、自分への愛も含めて、その愛を実感することができます。あなたが最初の一歩を踏み出せば、鏡の反射はあなたを迎えに来てくれます。それは基本的に**フィードバックの連鎖**です。

「あなたが世界に愛を送る　↓　世界の鏡に愛が反射する　↓　世界があなたに愛を送り返してくる　↓　あなたは愛される　↓　その結果、あなたは満足感を得て、自分のことが好きになる」ということです。

16日目

信念

原則

「ある信念に従えば、その信念は腹落ちする」

これは昔から何度も言われていることで、まさにそのとおりなのです。しかし、どうしたらそれを信じられるようになるのでしょうか？　これは真実だからと無理に自分を納得させようとしても無駄なことです。それよりも、具体的にトランサーフィンの原則に従って自分の現実を形成し、ゴールのコマの視覚化に取りかかりましょう。

実際にやってみれば、わかります。**外的意図が、不可能を可能にする世界への扉を**

開けてくれるのです。理性がその事実に直面したとき、「信じられないこと」を理性は自分の世界観に取り込み、奇跡が起こることを許すようになるでしょう。

トランサーフィンが機能することがわかれば、もはやそれを信じる必要もありません。それは単に知識となるだけです。

解説

トランサーフィンは、**王国の地図とゲームのルール**を与えてくれます。それをどう使うかはあなた次第です。あなたは、あなたの世界の王(または女王)なのです。他人の影響に屈しないでください。自分を信じてください。他人の決断を当てにしないでください。あなたは何でも知っているし、何でもできるのです。

トランサーフィンの知識があったとしても、あなたはまちがいを犯すかもしれません。でも、真の成功は、失敗という瓦礫の山から生まれるのです。著名人の多くは、たくさん失敗を経験しています。ただ、その部分を語らないだけです。なので、もしあなたが失敗したら、成功への道を歩んでいるのだと喜んでください。

しかし、時々、道が閉ざされたように感じ、どの道を行けば、目的までたどり着けるのかと迷う時もあるでしょう。古代の知識の守護者たちは、形而上的現実を信じさせるためではなく、人々に希望を与えるためにトランサーフィンの秘密を明らかにしました。

信念があるところには、常に疑いも生まれます。私たちは、行動を起こすために希望を必要としています。行動を起こすと、以前は想像もつかないと思われていたことが、物質世界に現れはじめてくるのを見ることでしょう。

希望が役目を終えたときに、あなたは目覚めます。そして、自分自身にこう言うのです。

「私は願わず、信じず、期待しない。私は意図する。そして、それは叶うと知っている」

17日目

罪悪感

原則

罪悪感は、自分でも気づかないうちに、罰に関連する台本を常に生み出します。すべての罪や過ちは必ず罰せられる。それが一般的な世界観です。少しでも罪の意識に気づいたら、すぐにそのゴミを捨ててください。あなたの人生を台無しにしないでください。

信条を持って生きれば、決して罪悪感を持つことはありません。もしあなたが罪の意識を持たなければ、誰もあなたを裁くことはできません。罪悪感から解放されれば、誰かがあなたを力で脅かそうとするような状況には陥りません。

「罪の意識がなければ、罰はなし」です。

解説

罪悪感をどうしても拭《ぬぐ》えないと思うなら、まずは自分を正当化することをやめることです。そのときには病気を治療した結果、病原菌が排除されるという特殊なケースが起こります。

「誰に対しても負い目を感じることはないのだ」と、自分への説得から始める必要はありません。まずは自分の日々の行動を観察してください。

そのためには、ある程度の「意識の目覚め」が必要です。ちょっとしたことで謝ってしまう習慣があったとしたら、別の習慣を身につけましょう。自分の行動の理由を説明するのは、どうしても必要なときだけにしてください。他人へ「何かを返さなくては」という義務感をずっと持っていたとしても、それをあからさまには表に出さないことです。

今までやっていたようなお決まりの反応をしなくなれば、操る側は徐々に手を引いていくでしょう。同時に、あなた自身の魂も理性も新しい感覚に徐々に慣れていきます。

自分を正当化しないようにすれば、物事はあるべき姿になり、罪悪感は存在しなくなります。その結果、「償《つぐな》う」必要がどんどんなくなっていきます。

そんなサイクルを繰り返していけば、外部のほうが、あなたの内部を徐々に整えていってくれるのです。そして罪悪感は消え、それに伴って、関連するすべての問題も消えていくことでしょう。

18日目

自己価値

原則

何らかの点で劣っていると感じて、自分の価値を高く見せようとすると、その反対のことが起こります。自分の価値を声高に語れば語るほど、実際にはその価値は下がります。

逆も然り、です。**自分の価値を気にしていないときにこそ、その人の価値は無条件のもの**となります。

私たちの自尊心は、非常にわかりにくい過剰ポテンシャルです。平衡力は、あなたを台座から引きずり落とすために、どんなことでもするでしょう。自分の価値を手放したとき、あなたはその価値を獲得し始めるのです。

同時に、他人の自尊心を決して傷つけないように気をつけてください。それは肝に銘じておきましょう。そうすれば、どこからともなくやってくる多くの問題を回避することができるでしょう。

解説

自分の立場を強化し、優れた資質を強調する必要があると思ってしまうのは、ただの思いちがいです。悪循環の鏡のサイクルの中で、鏡に映る姿を追いかけるのと同じことです。では、自分は価値があり、それを証明する必要はないと自分に言い聞かせるには、どうしたらいいのでしょうか？

効果が原因を取り除くという、フィードバック・サイクルがあります。意図を意識的に逆に向けるのです。**自分をよく見せようとしたり、自分の価値を高めようとした**

りする試みを一切やめることです。

ほとんどの人は自分をより重要な存在に見せようとしますが、そうしない人に対しては、周りの人は言われなくてもその人の価値を直感的に感じて、より大きな好意と尊敬をもって扱うのです。

その結果、「自分には本当に価値がある」という確信が、徐々に魂と理性に植え付けられていきます。

そして、ある時点に来ると、鏡のサイクルが止まり、反対方向に回り出します。その結果、あなたの自己評価は向上し、まるで劣等感などなかったかのように感じるのです。

19日目

決定者の信条

原則

常に自分自身でいることです。どんな状況でも本来の自分を裏切ってはいけません。自分自身の信条に従って人生を生きるのです。

自分の信条に反すれば、あるいはもっと悪いことに、信条を持たなければ、自分というものが崩壊し、人生のすべてがうまくいかなくなります。

映像が歪むと、鏡に映る自分の姿も歪んできます。自分の考えと行動を同じ基準で一致させることです。本来の自分に嘘をつかないでください。そうすれば、二元鏡の歪みもなくなります。

あなたは自分自身の現実の決定者です。恥や恐れを感じる理由はありません。

覚えておいてください。あなたは1人ではありません。

パワーは常にあなたと共にあり、あなたの世界はいつもあなたを気づかってくれているのです。

解説

自分の信条に忠実に生きると、魂と理性が一致してきます。つまり、社会の意見を気にせず、自分が必要だと思う行動をとれるようになります。

どんな状況でも、自分を裏切ってはいけません。もし、自分の魂に反するようなことを押しつけられたと感じたら、仮にそれをやったとしても決してうまくはいきません。

逆に、自分の信条に従って生きていれば、たとえ一部の行動が常識に反するように見えても、結果的にはうまくいきます。自分の信条がどのように現実の歪みを正すのか、具体的に分析する必要はありません。ただ、**映像に歪みがないことで、鏡に映る姿も正常になる**ということです。

魂と理性の一致が明瞭な映像を生み出し、それが世界という鏡面上で瞬時に具現化され始めるのです。こうやって、あなたの真の望みはすべて叶えられます。

これはもう変わることのない原則なのです。

20日目

あなたの本当の道

原則

心が望まない道に踏み出すことに、価値はありません。そんな道を行くと、魂と理性の間に不協和音が生まれます。

不安を感じ、落ち着きを失い、イライラがたまる感覚を味わうことになります。表面的にはすべてうまくいっているように見えるのに、一方では、まったくうまくいっていないと潜在意識が教えてくれているのです。

「心が望む道」を行くとき、道中、すべてが自分の思いどおりになるという、このうえなく素晴らしい感覚を味わうことができます。穏やかな、自分なりの自信が湧いてくるのです。そうすれば、魂は歓喜に沸き、理性はもみ手をして喜ぶでしょう。

自分の本当の道を見つけようと意図すれば、それは必ず叶います。

解説

自分のために生き、自分が楽しいと思うことをするようになれば、世界のすべてがあなたに歩み寄ってきます。

すべてはとてもシンプルです。魂と理性の一致さえあれば、他のすべては自動的にうまくいくのです。しかし、その2つが一致していないときは、慎重に、ゆっくりと行動することが大切です。たとえば、魂が何かを求めているのに、理性が恐れているような場合です。

心の声を聞いてください。

同時に、あなたは物質世界に住んでいることも忘れないでください。

物質世界は、いつも即座に願いを叶えてくれるわけではないのです。

もちろん、嫌な仕事から離れるのは難しいことではありませんが、無収入になることを恐れているのなら、奇跡を期待してはいけません。映画のコマのテクニックを使えば、それが他の都市でも、よその国であっても望む仕事を見つけることはできるでしょう。

しかし、この段階で確信がなければ、あなたは不安を強く感じてしまい、冷静にトランサーフィンのテクニックを実践することができません。

一気に退路を断つのはやめてください。

21日目

判決を下す

原則

人生においてどうあるべきか、どうふるまうべきか、何を読むべきか、何のために努力すべきかを、今まであなたは他の人からずっと言われてきたはずです。

これからは自分自身の基準を確立する正当な権利を行使すべきです。何が正しくて、何がそうでないかを決めるのは、あなた自身なのです。というのは、あなたの世界の層を作っているのは、あなたなのですから。誰も傷つけないかぎり、たとえ他の人がまちがっていると思うことでも、真実だと決定する権利があなたにはあります。

自分で判決を下す権利を行使するならば、あなたは信条を守っているということになります。それは抑圧的な状況からの解放を意味します。人生に影を落とし、目的への道を邪魔するあらゆるものからの解放です。それによって穏やかな自信を獲得することができます。

解説

人の数だけ意見が存在します。同じものを「黒」と言う人もいれば、「白」と言う人もいます。あなたは誰を信じればいいのでしょうか？　思い出してください。世界は鏡なのです。判決を下す人全員に、鏡は同意するのです。

しかし、あなた自身は鏡ではありません。あなたは他人の判決を受け入れる人間か、それとも自分で判決を下す人間か、のどちらかです。この場合、あなたがどの「真実」を究極の真実と考えるか、「黒」と「白」のどちらを支持するかは、問題ではありません。これからあなたは自分にとっての真実を次のように決めることができます。

「私の判決はこうです。なぜなら、私は私の現実の決定者だから」

そして、それはそのとおりになるでしょう。なぜなら、あなたには自由に使えるバリアント空間と二元鏡があるので、自分のビジョンを物理的現実に物質化できるからです。

ただ1つ条件があります。それは、あなたは自分の権利を行使する大胆さを持たなければならない、ということです。もし自分を疑ったり、良心の呵責《かしゃく》を感じたりすれば、あなたの判決は力を失い、あなたは法律を作る側から被告人に変わってしまうでしょう。

自己疑念のあるうちは、正しい行動をとることはできません。あなたがどれだけ正しく考え、行動するかが大切ではなく、自分が正しいということにどれだけ自信を持っているかということが大切なのです。

決定者の意志に、理性の独裁を許してはなりません。判決は、魂と理性が一致して初めて力を持つのです。心の声に耳を傾けない者は、決して決定者にはなれません。過ちを犯してしまうのです。

22日目

意図の宣言

原則

　現実を効果的に形作るためには、思考を暴走させずに、コントロールすることです。最初は少し面倒な気がしますが、時間が経てば、やがてそれが習慣になります。制御不可能な思考の沼の中で、ただなんとなく何かをするのはやめてください。**自分の意図を表明**してください。**目的に集中**してください。

　しかし、これは、常に最大限の警戒をするようにという意味ではありません。思考を自由に飛ばしながらも、起こっていることをしっかりと意識してください。

「もし私の理性がさまよっているのなら、それは私がそう許しているからだ」と。
そして、必要なときには、意識して集中状態に戻してください。

解説

通常、「思考のミキサー」は勝手に作動しはじめます。アイデアは無秩序に現れては消え、思考は次々と別のテーマに飛び移っていきます。理性は、まるで赤ん坊のように手足をバタバタさせているようです。では、ここから得られる学びは何でしょうか？

もしあなたが自分の現実をすばやく効果的に作り出したいのなら、自分の**思考フォーム**を唱えましょう。一日の中で時々、達成したいことを思い出しては、口に出してください。あなたの主な目的は常に頭の片隅に置いておいてください。声に出すことで、意図の方向性が定まります。

たとえば、毎日数分間、次のような思考フォームを宣言する習慣を取り入れるのはどうでしょう？

「私の脳には、自己開発プログラムが組み込まれています。私の頭脳は常に、改善され、完成されていきます。脳の左半球と右半球の間に新しい結合が作られているのです。脳の両半球の動きは鋭敏で、同期しています。私は信じられないような頭脳を持っています。思いもつかないようなアイデアが浮かんできて、常識にとらわれない発想ができます。

潜在的な脳の力も作動していて、私の脳の90パーセントが活動中です。私は素晴らしい知性を持ち合わせていて、それは日に日に強化されていきます。私は簡単に問題を解決することができ、私の気づきはより明瞭になっています。すべてがクリアーでシンプルです。私はあらゆるものをしっかり理解していて、はっきり表現しています」

そのような思考フォームを作って、シャワーを浴びた後や、運動をした後など、決まった時間に繰り返すとよいでしょう。

思い描けば、それは実現します。

23日目

行動の決意

原則

必要なもの、欲しいものがあれば、それを手にするのを先延ばしにしてエネルギーを無駄にしてはいけません。「あなたのもの」を受け取るのです。まるで、小包が届いたという通知を受け取ってから、郵便局に行くように。

慎重になるよりも、意図的であることが大切なのです。今、もしあなたに必要なものがあれば、ただ考えているだけではなく、出かけていって、手に入れましょう。それは、バスに乗ること、駐車場を見つけること、何かを買うこと、必要な書類を手にすること、大事な試験、面接、会議で成功することなど、何でも同じことです。

「そんなことできるの?」とか、「どうやってやるの?」とか、「どこにあるの?」といった心配はやめてください。不安も希望も願望もいりません。あなたに必要なのは、穏やかな自信だけです。いろいろな条件や理屈をつけずに、「欲しいものを手に入れたらどういう気分になるのか」だけに集中してください。

たとえば、「バスに間に合うかどうか」、「バスが来るかどうか」、「どのくらい待たされるのか」などを考える必要はありません。「もうすぐバスがやってくる」と知って、ただバス停まで歩いていく。

常にこの態度でいるようにしてください。

解説

願望を思いついたとたん、通常、脳の中で分析装置のスイッチが入り、「うまくいくのか? いかないのか?」と問い始めます。この悪い習慣を捨てなければなりません。

「欲望」は満たされず、「夢」は叶わず、「純粋な意図」のみが実現するのです。願望を持つことで実現されるのではなく、願望の宣言が実現に向かわせるのです。**意図とは、激しさや熱意のことではありません。静かな集中と決意のことなのです。**

もしあなたが疑ったり恐れたりすれば、鏡のような世界はあなたの感情を映し出し、その結果、望んだものは何も手に入りません。何をするにしても、確信を持って行動してください。失敗する可能性は常にあります。しかし、あなたに気持ちの揺れがなければ、成功する可能性は非常に高くなります。

ためらう気持ちを捨てたとしても、何を失うというのでしょうか？　うまくいけば最高、うまくいかなくても、それはそれで世界の終わりではありません。

「コーディネーションの原則」をうまく利用すれば、手助けはやってきます。一見ネガティブに見える出来事を、ポジティブなものにとらえれば、まさにそのとおりになるのです。

行動する決意を意識的にコントロールすることが、幸運の鍵となるのです。

24日目

所有の決意

原則

頭の中に疑いや要望、恐怖が一切なく、静かな「所有する決意」さえあれば、あなたは不可能を可能にすることができます。

どんな科目があるかわからなくても試験に合格し、厳しい面接を切り抜け、特別有利な契約をし、絶望的な裁判に勝ち、夢にも思わなかった人々をあなたの仲間にすることができるのです。

目的を達成したいという願望を捨ててください。もうすでに死んでいるかのように、淡々と生きているサムライを見習いなさい。敗北の観念と和解しながらも、あなたの思考の中で、目的はすでに達成されているとイメージしなさい。

希望を捨てるのです。希望は弱者のものであり、弱者の救いです。

思い描いたものを受け取る覚悟以外何も持ってはいけません。それがあなたの望みでしょう？　何が問題だというのでしょう？

あなたの欲しいものはすぐに手に入ります。

解説

願望とは、目的に意識を向けることです。**内的意図**とは、目的に向かって進んでいく過程に意識を向けることで、**外的意図**とは、目的が勝手に実現されている様子に意識を向けることです。

内的意図は物理的世界の中で目的を達成するのを助け、外的意図はバリアント空間の中から目的を選び出します。内的意図は周囲の世界に直接影響を与えることを狙っているのに対して、外的意図は意図どおりに勝手に目的が実現することを許します。成功への無条件の確信が、外的意図の引き金となります。

通常は、理性が欲しがっているのに魂が抵抗するとか、魂が切望しているのに理性が賛成しないといったことが起こり、その結果、世界の鏡の前の映像はぼやけて不明瞭になってしまいます。

魂と理性が一致したときにはじめて、明瞭な映像が生まれ、それが瞬時にバリアント空間から鏡を通して具現化されはじめるのです。思い描いたものを手にする決意をしてください。

失うものはありません。あなたの可能性を制限するのはあなたの意図だけなのです。

25日目

世界の大掃除

原則

もし、あなたが空しさを感じているのであれば、家庭や職場を徹底的に掃除しましょう。家具の配置を変えて、溜まったゴミや、必要のない古いものを処分してください。そして必要であり、大切にしているものをセンスよく丁寧に並べ替えてみてください。そうすると、エネルギーが湧いてきて、喜びがあふれてきます。

ネガティブな考えがあなたの世界を台無しにしないように、それもしっかり捨て去ってください。恐怖、不安、疑い、否定的な期待、不満、判断、恨み、罪悪感や無力感などを、あなたの世界から追い出してしまいましょう。

解説

憂鬱な気分を一掃するには、建設的な活動をすることです。その結果はすぐに現れます。何かを創造しているとき、それがどんなものであっても、魂は失われた人生の喜びを取り戻すのです。

ゴミを捨てたり、掃除したりすることも、とても効果的です。同じように、あなたの世界全体も片付けてください。**誰もが、自分の住む世界の層を、自分の思考と行動で作り上げています。**あなたの思考による映像が、あなたの世界の土台を構成しています。

あなたの世界は、あなたが思い描いたとおりのものになるでしょう。

もしあなたが自分の世界を敵対的な場所と思うのなら、それはそのとおりになります。もしあなたが、この世のすべての恩恵は膨大な努力がなければ得られないと信じていれば、あなたはいつも汗水を垂らして働いていることになります。

富や成功はエリートだけのものだと思うなら、あなたはいつも列の最後尾に並んでいることでしょう。頭の中にネガティブなものが浮かんでいればいるほど、あなたの現実は惨めなものになります。

ネガティブなものを取り除くことで、あなたの現実はますます暖かく、居心地のいい場所になっていきます。

その様子に、あなたはびっくりすることでしょう。

26日目

成功の波

原則

勇気づけられ、最高の気分になる日があると思えば、日常の雑事に追われて、気分が落ち込んでしまうような日もあるでしょう。ではどうすれば、人生とは歓喜に満ちたものだと常に感じることができるのでしょうか？

それにはまず何よりも、その感覚を折にふれて思い出すことです。祝祭の輝きを心に保ち、その感覚を大切にして、自分の人生がより良い方向に変化していることに気づいてください。**藁《わら》一本分でも喜びをつかみ、あらゆることに吉兆を見出す**のです。

トランサーフィンの教えに従いながら、意識的に自分の夢を追いかけていること、つまり、自分の運命を切り開いていることを、一瞬たりとも忘れてはいけません。これだけで、心の安らぎ、自信、喜びを得ることができます。

これであなたはいつも歓喜の歌を歌っていることになります。

最高の気分でいることが習慣になれば、あなたは成功の波に乗っているということです。

解説

今、この瞬間にあるすべてのものに満足し、感謝しましょう。これは常に幸せであれ、という無意味な念仏ではありません。

時に嫌なことが重なると、満足できなくなることもありますが、ただ実利的な観点から言えば、不満をあらわにすることには何のメリットもないのです。

悪いニュースを気にしないことです。悪いニュースを心の中にまで入れないようにしましょう。そうすれば、それはあなたの人生に入ってきません。悪いニュースは閉め出し、よいニュースは招き入れましょう。

ポジティブな変化の小さな兆しに注目し、それを大切に育てていくことです。自分自身や周りの世界との関係が良好だと、調和のとれた波動があなたを取り囲み、その内側ではすべてがうまくいきます。

前向きな態度は、常に創造と成功につながるのです。

27日目

鏡に映ったものを追いかける

原則

人生に望んでいないものが現れたとき、あなたはいつもどのように反応しているでしょうか。

通常、理性は、鏡に映る自分の姿（リフレクション）を変えようとしますが、**変えなければならないのは、実は本体の映像そのもの**なのです。その映像とは、私たちの思考がどこに向いているか、どんなことを考えているか、ということです。

想像してください。鏡の前に立っている人が、何かを作り出すために、鏡に映っているものをつかもうとしていたら、それはどんなに滑稽なことでしょうか。

鏡から目をそらすのです。自分が望むように世界を変えようとする、その近視眼的な意図を手放してください。自分の思考フォームを意図的に世界に送り出し、前向きな態度でいてください。

すべては、あなたが望んだとおりになります。

解説

自分の思考の棚卸しを行い、否定的な言葉をすべて排除してください。不満、不本意、拒絶、不承認、憎悪、自分の成功への不信などをすべてゴミ袋に詰め込んで捨てましょう。思考を、あなたが好きなもの、望んでいるものに集中させるのです。

そうすれば、好ましいものだけが鏡に映し出されます。その一方で、自分の世界の層にポジティブな変化が現れるまでには、ある程度の時間がかかることも心に留めておいてください。あるいは反対に、あなたの世界の層にさまざまな不愉快なことが忍び込んでくることもあるでしょう。

でもそれがどうしたというのでしょう？　それらはすべて、現実との関係が新しいレベルに「移行」することに伴う一時的な不都合に過ぎないのです。

もうわかっていると思いますが、**鏡は遅れて反応**します。あなたは何があっても自分の道を歩いていかなくてはなりません。何も起きていない状態では、静かにちょっと間合いを取るのです。

それはまるでおとぎ話で、「振り返るな、さもないと石になるぞ」と言われているようなものです。鏡の中でいったい何が起こっているのかわかりませんが、これだけはわかります。

「**鏡は選択肢を持っていない**」ということです。

「遅かれ早かれ、私の思考が作り出した映像を鏡は映し出します。私は自分の権利を行使します。立ち止まり、後ろを振り返ろうとしないかぎり、鏡は私の現実を創り出します。すべては私の思いどおりです」

28日目

映像の創造

原則

思考フォームが物理的現実に根付くためには、それを体系的に何度も繰り返す必要があります。

もしかしたら、あなたはそのプロセスがこれほど退屈なものだとは思っていなかったかもしれません。しかし、それはごく普通の日常的な作業で、魔法を使うことではありません。それでも本当に効果があるのです。しかし、たいていの人は、それをやり続ける忍耐力がありません。

最初、やり方を聞いたときは気持ちが盛り上がりますが、すぐにその情熱は冷めてしまいます。ゴールのコマが物理的な現実に現れるためには、かなり長い時間、その思考を繰り返さないといけません。

奇跡なんてものはないのです。それは、現実を形づくるための具体的な作業なのです。

解説

頭が心の声に抵抗しないかぎり、外的意図の計り知れない力が現れ、あなたの思考に最も近いバリアント空間の領域が物質化しはじめるのです。魂と理性の一致が起こると、映像ははっきりとした輪郭を描き、即座に姿を現しはじめます。世界は、あなたの思考とまさに一体となります。

では、一般的に、なぜ最悪の事態の予想が的中し、希望や夢は決して実現しないのでしょうか。

それは人生において、たいていの場合、魂が向かおうとしているものを理性が疑い、それが実現することを拒否してしまうからです。あるいは、その逆に、理性は自分が考える計画に説得力を持たせようとしますが、魂が無関心である、ということもあります。

魂と理性が一致しないと、像はぼやけて、分裂してしまいます。魂はあることを望み、理性は別のことを主張する、というように。こうなると、1つのことでしか、完全に一体化することができなくなります。それは恨みと恐れです。では、どうすればいいのでしょう？

物質的な実現に関わる物質は、タールのように動きが遅いことを知っておいてください。要塞は長期戦でやっと手に入れられるのです。

もしあなたが**本当に目的を達成したいのであれば、定期的にゴールのコマを視覚化する**ことが大切になってきます。

29日目

世界よ、思いどおりになれ！

原則

あなたが世界に何かを望むとき、世界に圧力をかけてはいけません。

鏡の前にわがままな子供が立っていて、地団太を踏みながら、「あれが欲しい！　ちょうだい！」と泣いていると想像してください。

鏡にできることは、「そうだね、欲しいよね。絶対、欲しいよね」と応じるだけです。

他に何ができるというのでしょうか？

鏡は事実を映すものであり、それ以上でも以下でもありません。その原則は非常に単純です。もしあなたが、世界という鏡に映る反射に応えてもらいたければ、最初の一歩を踏み出さなければなりません。

受け取る意図を捨て、与える意図に置き換えれば、あなたが最初に手放したものを受け取ることができるのです。

解説

あなたは特定の人に自分を認め、尊敬してもらいたいですか？　そう思っていても、それを要求してはいけません。それよりも、あなたがその人を大切に思っていることを示し、あなたにとってその人が重要な存在であることを感じてもらいましょう。

思いやりと感謝が欲しいですか？　それなら、それを求めてはいけません。まずは誰かに思いやりをもって接し、その人の問題を積極的に解決してあげようとしてください。

人に好かれたいですか？　きれいな目をしていれば人に好かれるというものでもあ

りません。温かい愛情を示せば、その人は自然にあなたを愛すべき存在として認識します。

誰かの助けやサポートが必要ですか？　それなら他の人を助けましょう。そうすれば、あなたの価値が高まります。というのは、相手はあなたに借りを作ったままで、自分の価値を下げたくないと思うからです。

あなたは愛し、愛されたいですか？　それなら、独占欲や依存関係を手放しましょう。見返りを求めずに愛する覚悟があれば、愛し愛される関係を作ることができます。このような愛をもらえることは、非常に稀です。そんな愛にあらがえる人はいません。

こうやって、**あなたは手放したものを手に入れる**ことができるのです。

30日目

世界よ、私をどうぞお好きなように！

原則

人は、他人が自分に対して何を望んでいるかを理解しようとせずに、自分が望んでいるもので頭がいっぱいになるのが常です。

他人の欲望や動機に意識を向けることで、あなたは簡単に自分の欲しいものを手に入れることができます。**相手が内的意図をどこに向けているかを探るだけ**でいいのです。相手の好意を得たいとき、相手に何かをしてもらいたいとき、いつでも自分にこう問いかけてみてください。

「この人は何を望んでいるのだろう？　彼らを動かすものは何だろう？　何に興味があるのだろう？」

相手の意図を実現させてあげようと行動すれば、相手も喜んであなたに報いてくれるでしょう。

解説

他の人との間で直面するすべての問題は、何らかの形で、内的意図の対立から生まれます。人はどうしても、自分の利益だけを考えて、相手から何かを得ようとします。それに対して、相手はまったく別のことを思い、自分にとっての重要なことを考えています。

ですので、**自分の目的を達成するために、他人の内的意図を使う**のです。

自尊心は、その人の内的意図の根底にあります。自尊心ほど大切なものはありません。命の次に大切なくらいです。

自分から他人に関心を向けるようにしましょう。自分の価値を高めるためのゲームをやめて、他の人がより大きな自尊心を感じられるようなゲームをしましょう。自分自身が注目されるためには、他人に興味を示すだけで十分なのです。

自分の関心事について人に話すのではなく、その人自身のことや、その人が関心のある事について話しましょう。

あなたの個人的な長所と短所には、人は興味を示さないものです。他の人が最も興味を持つのは、あなたと話しているときに感じる自分の自尊心の高まりです。

相手に何かをしてほしいと思ったら、どうしたらよいでしょうか？

相手の自尊心を高めるという観点で課題を提示すれば、相手はやってみたいと思うはずです。

31日目

牡蠣のような反応

原則

人は気に入らないことがあると、喜んで不満を口にしますが、いいことがあると、それがまるであたりまえのように、受け入れています。人はみんな、自分のこのような傾向をまるで意識していません。

それは習性となっていて、牡蠣のように反応しているのです。さあ、もう牡蠣のレベルからは脱却しましょう。**目を覚まして、自分の人生を意識的に表現できるという優位性**を生かしましょう。

「私は、意図的に自分の現実の色調を選びます。私は、状況に関わりなく、明るい旋律に同調します。外部からの刺激に原始的に反応するのではなく、意識的に反応します」

自分の思考パターンをコントロールすることで、現実をコントロールすることができます。そうでないと、現実があなたをコントロールすることになるのです。

解説

ネガティブな思考は鏡にネガティブな影響を与え、あなたの世界の層は陰鬱な色で塗り込まれ、不快な出来事で満たされていきます。

落ち込んでいるときには、鏡の中の嵐雲は、より速く集まってきます。攻撃的な姿勢をとるとすぐに、世界は毛を逆立てます。誰かと言い争い、自分の意見を強く表現していると、別の何か不快な出来事が突如として現れることに気がつくでしょう。イライラすればするほど、トラブルがあなたに爪を立ててきて、周りのすべてのことが癪《しゃく》に障《さわ》ってきます。

大切なのは、あなたがそれをどんなふうに考えているかであって、何を考えているかではないのです。その鏡に映ったものを気に入っているかどうかは別にして、あなたは常にそれについて考えていることでしょう。それはたとえば、「もうほっといてくれ!」とか、「もうたくさんだ!」とかといったふうに、です。重要なのは、あなたの考え方そのものなのです。

結果、鏡に映る反射には、思考映像の内容に一致するものが現れてきます。鏡の反射に縛りつけられている感情をコントロールさえすれば、あなたは鏡から解放されます。

自分の感情を抑えようとすることは意味がありません。あなたの感情は、今起こっていることとの関係性を表しているものに過ぎないからです。現実をどう受け止め、どう反応するかというあなたの態度自体を変えなければなりません。

鏡への執着から解放されたとき、あなたは見たい反射(リフレクション)を作る能力を獲得するのです。

32日目

決定者の意図

原則

「どんな出来事や状況も好ましいものであり、結局、私のアドバンテージになる」と意志を持って宣言してください。

この宣言は、単に、あなたを愛して気づかってくれる世界の善意に期待しているのではありません。そして、いつ崩れてもおかしくない状況での、自分への信頼や自信、そして成功を盲信する傲慢さから生まれるものでもありません。楽観主義に基づくものでもないのです。それは**「決定者の意図」**なのです。

あなたはあなたの現実世界の決定者で、自分の世界の層を創りあげています。自分を動かすことができ、世界が自由に動くことを許すなら、あなたは現実の決定者になるのです。

解説

決定者は積極的に行動する存在というより、観察者です。自分に従わせるというより、許可するのです。それが、決定者の意図を別格なものとするのです。鏡を見るときには、その反射を動かそうとしないで、代わりに自分の態度や思考の焦点という映像を動かしてください。つまり、反射をつかもうとするのではなく、「自分を動かす」のです。

もしあなたが意図を「自分が当然手にするべきだと思うものを世界に要求すること」だと解釈するならば、あなたは何も得られません。自分が欲しいものを世界に求めたとしても、やはり何も手にすることができないのです。

あなたがするべきことは、世界に発注し、世界がそれを用意してくれるのを許すことです。あなたが要求し、懇願し、恐れ、疑うから、世界はあなたの注文を処理するのを止めてしまうのです。そして、世界もまた、要求し、懇願し、恐れ、疑ってきます。

それは、あなたと世界との関係性を非の打ちどころなく映し出しています。結局のところ、世界は鏡に過ぎないのです。あなたはこの真実を肌で感じる必要があります。世界を好きなようにさせて、今すぐに、あなたにとって世界が心地よい場所になることを許してください。今すぐに、です。

この壊れやすい、つかの間の感覚はすぐに消え去ってしまうので、それを持ち続けるようにしてください。信じられないようなことをちょっと思い描いてみてください。敵対的で、問題の多い、困難で不快な世界が突然、喜びに満ちた心地いい世界になるのです。あなたはそれを許可すればいいだけです。決めるのはあなたです。

そして、この力を使うコツは、固く握っている拳を緩めることです。

33日目

振り子の規範

原則

振り子が押しつけてくる規範は、「私がするようにしてごらん」です。つまり、それは本来の自分を裏切って、広く受け入れられているテンプレートに合わせることです。誰かの成功基準に沿って生きようとすると、人は自分を見失い、不幸になってしまいます。それは、すべての基準に合わせることは単純に不可能だから、です。

だから、そんなことをしないでください。振り子の規範を破ることを恐れてはいけません。自分自身の基準を設定してください。振り子の規範を破った者は、指導者か、反逆者かのどちらかになります。ある者はスターとなり、ある者は追放されます。両者の違いは、前者は振り子の規範を破る権利が自分にはあると思っているのに対して、後者はその権利が本当にあるのだろうかと疑っていることです。

振り子の規範を破る権利を行使してください。

解説

振り子は、行動や思考の規範、つまり「正常」というスタンダードを作り上げます。人々は、自分たちが「成功の代用品」を提供されていることがわかっていません。一個人の成功は、他の人が模倣するためのモデルにはなり得ません。**規範を破り、自分の道を切り開いた者だけが、真の成功を手にする**ことができるのです。

他人のスタンダードに従うことは、沈む夕陽を永遠に追いかけるように運命づけられたようなものです。成功基準は、蜃気楼《しんきろう》となります。振り子があなたを幻想という罠に閉じ込めていることに、あなたは気づいていないし、気づこうともしないのです。

幻想は、時に不確かな現実よりも、甘美で、便利で、明確なものです。

その一方で、もしあなたがシステム構造の中で一定の位置を占めているのなら、心に留めておいてほしいことがあります。それは、むやみにその構造と敵対することはできないということです。

今、話しているのは、振り子から完全に解放されるかどうかといった話ではありません。そんなことは不可能です。最も重要なことは、操り人形にならないように、**意識的な気づきを持って行動する**ことです。そうすることで、自分自身の利益のためにその構造を利用できるようになります。

システムの既存の規範を破ることなく、自分のための新しい規範を設定するようにしてください。

34日目

トランサーフィンの原則

原則

振り子が押しつけてくる「私のようにしてごらん」という規範を捨てて、トランサーフィンが提唱する原則に置き換えてください。それは「自分が自分のままでいることを許し、他人もそのままでいることを許す」というものです。

「自分が自分でいることを許す」ということは、「欠点も含めた、あるがままの自分を受け入れるということです。「他人もそのままでいることを許す」ということは、「自分が彼らに投げかけている期待を手放す」ということです。この普遍的な原則を採用すれば、あなたは内なる自由を取り戻し、あなたを悩ませているすべての人生の問題に別れを告げることができるでしょう。

解説

トランサーフィンの原則がどのように働くかについては、あまり気にする必要はなく、ただ、その原則に従ってください。困難な状況に直面したときは、いつも自分に問いかけてください。

「この状況で、トランサーフィンの原則を破ることなく行動するにはどうしたらいいのか？」と。

そうすれば、さまざまな問題を解決することができます。自分の内なる軸、つまり信条を見つけ、罪悪感や劣等感を取り除き、自信を持ち、あらゆる衝突や失望を避け、人間関係の絡《から》まりを解き、最後には自分の生きる道を見出すことができるのです。

トランサーフィンの原則は、この世界では絶対的な原則です。

35日目

重要性の引き下げ

原則

怒り、不満、いらだち、不安、心配、落ち込み、混乱、絶望、恐れ、同情、依存、欲望、感動、理想化、賞賛、喜び、失望、尊大、傲慢、侮蔑、反発、憤りなど、すべての偏った感情や反応は、物事の重要性を誇張してしまった結果です。振り子は、それらの糸であなたを吊り下げ、あなたを操り人形に変えてしまうのです。

重要性を減らすということは、自分の感情と戦い、それを抑え込もうとすることではありません。そうではなくて、その原因、つまり根本的な考え方に対処することを意味します。

重要性はトラブルを生み出すもの以外のなにものでもありません。それをよく理解したうえで、**今、感じている重要性を意図的に減らしていく**のです。

解説

問題というものは、実際には存在しません。あるのは、不自然に膨らませた物事の重要性だけです。問題というのは幻想であることに気づけば、頭を悩ませているすべてのものの重要性を意図的に下げることができます。

ただ注意してほしいことは、その意義を軽視するのではなく、重要性を下げるということです。

離れたところから、冷静に、公平にゲームを観察するのです。重要性を下げることで、瞬時にバランスがとれた状態に戻り、振り子があなたをコントロールできなくなります。なぜならあなたが空っぽなら、振り子は引っかけるものがないからです。

これは、「石のように何も感じないように」ということではありません。

感情は、私たちの考え方から生まれるもので、変えるべきは私たちの考え方なのです。感情というのは、あくまでも結果です。原因は重要性だけなのです。

たとえば自分の家族の中で、赤ちゃんの誕生、誰かの死、結婚式など、何か大きな出来事があったとします。その出来事は自分にとって重要でしょうか？　いいえ。では、まったく関係ないのでしょうか？　その答えも、いいえ、です。この違いがわかりますか？

「私は、その出来事を問題視したり、その出来事で自分や周りを煩わせたりしません」と明言してください。

外的重要性に取りつかれると狂信者が生まれ、内的重要性に取りつかれると愚か者が生まれるのです。

36日目

戦いに終止符を打つ

原則

世界は、あなたとの関係性を映し出す鏡です。あなたが世界に不満を持っていれば、鏡もあなたに背を向けます。あなたが世界と戦えば、鏡もあなたと戦います。あなたが戦いをやめると、世界はあなたに歩み寄ります。

あなたが思い描くものを所有する許可を自分に与えると、外的意図はあなたにそれを与える方法を見つけるのです。そうして、あるとき、奇跡と呼ばれるようなことが起こります。

どうしても自分の目的を達成したいですか？　もしそうなら、望むことをやめて、とにかく受け取りましょう。自分のものなのですから、**主張したり、要求したりすることはやめて、静かにただ受け取る**のです。

「そう、私はこれが欲しいんです。で、何なの？　もちろん、手にするよ」

解説

振り子は、まったく別の台本を押し付けてきます。目的を達成するために戦うことを強要してくるのです。目的に到達するための唯一の手段が、自分自身と世界に宣戦布告することだと信じ込ませようとします。

「あなたは完璧にはほど遠い。自分自身をすっかり変えないかぎり、決して目的など達成することはできませんよ」と。

自分を変えてしまえば、日のあたる場所を求める戦いに参加しなければなりません。振り子が押しつけてくる台本の目的はただ1つ、あなたのエネルギーを吸いとり、あなたを決められた枠組みへと追いやることです。自分自身と戦うことで、あなたは自分のエネルギーを振り子に捧げることとなります。

世界と戦うことも、まったく同じです。誰もあなたに戦いを強制することはできませんが、あなたが内的・外的重要性で満たされた状態なら、戦う以外に他の選択肢はないでしょう。

もし、あなたが所有する許可を、自分自身に対して今すぐ出せないのなら、それを出すのを後回しにすることはできます。しかしそうしてしまうと、人生のすべての瞬間が、よりよい未来のための準備期間にしかすぎなくなります。常に現在に不満を持ちながら、これからはよくなると期待して自分を慰めるばかりになるのです。

そのような心構えでは、望む未来は決してやってきません。未来はいつもちょっと先にほんわりと漂っているだけになります。それはまるで沈みゆく夕陽をつかまえようとするようなものです。

今すぐ、この場で、**自分の望むものを所有するという許可**を出しましょう。

37日目

コーディネーションの原則

原則

ネガティブに見える出来事も、もしあなたがポジティブに見ようとするならば、その出来事はポジティブなものになります。覚えておいてください。どんなにそれが今、悪く見えたとしても、現在の状況に対しての捉え方を調整すれば、つまりコーディネーションを行えば、素敵な驚きがあなたを待ち受けることでしょう。人生の試練に直面したとき、自分にこう言い聞かせてください。

「うまくいけば、素晴らしい！　うまくいかなくても、それはそれでもっと素晴らしい！」

もうわかっていると思いますが、**あなたの世界はあなたを気づかっています。**たとえ、うまくいかなかったとしても、それはあなたがまだ見ぬ別の問題を回避できたということです。気分を楽にして、自分で創りあげている運命とのデートを心安らかに楽しんでください。

今この瞬間から、何が起ころうとも、すべてはあるべき姿になるということを忘れないで！

解説

人生というものは、あらゆる物質の動きと同じように、原因と結果の関係の連鎖でできています。

バリアント空間では、結果は常にその原因の近くに位置しています。結果が原因から派生するように、バリアント空間の近くの領域は人生ラインで結ばれています。人生ライン上のすべての事象には、好ましい方に進むか、好ましくない方に進むかを分ける2本の枝があります。人生の中で何らかの出来事に直面するたびに、あなたはどのように対応するかを選択します。

もし、その出来事をポジティブにとらえることができれば、あなたはポジティブな方向の人生ラインへと踏み出します。しかしネガティブにとらえて嘆けば、好ましくない方向へと踏み出すのです。あなたがイライラすると、不幸の連鎖が続くということです。まさに、「泣きっ面に蜂」です。

しかし、不運の連鎖は、最初に起きた不幸から起こっているのではなく、あなたとその出来事との関係性から起こっているのです。**連鎖は、分かれ道に立ったときのあなたの選択によって形作られます。**

コーディネーションを行うことによって、あなたは常に幸運の人生ラインを歩むことができるのです。

38日目

世界は私を気づかってくれる

原則

「私の世界は、私のことを気づかってくれる」と宣言してください。どのような状況でも、普段のあたりまえの状況であっても、これを宣言するのです。

いいことがあっても、悪いことがあっても、です。ラッキーなことがあれば、「世界は、私のことを本当に気づかってくれるんだな」とつぶやいてください。

どんな小さなことであっても、この思考フォームを口に出すのです。もし、がっかりするようなことがあったとしても、すべてはあるべき姿になると宣言してください。

あなたの世界は、あなたよりもずっと、あなたのことを気づかう方法を知っています。

鏡で見えたとおりに、物事は進んでいきます。

解説

かつてベネチアの名工たちは、鏡の背面に塗るアマルガムに金を加えて、鏡に映し出されるすべてのものに、より暖かな色合いを与えました。

世界は鏡ですから、あなたも同じように自分が作ったアマルガムを塗布することで、世界を調整することができるのです。

たとえば、**「私の世界は、私のことを気づかってくれる」**は、とてもパワフルな言葉です。それを自分の基本思想とするのです。

世界に対する認識を自分の信条に合うように、意識的に調整し、鏡がどのように反応するかを見ることができます。

このアマルガム技法は単純ですが、あなたが思うよりもずっと強力です。

このテクニックを忍耐強く習慣化すれば、自分の考えていることがどれほど環境に影響を与えるかを、あなたはまもなく身をもって知ることになるでしょう。

39日目

流れに逆らう

原則

理性が普段どんなふうに流れに逆らっているかを、少なくとも一日はかけて、じっくり観察してみましょう。誰かが何かをくれるといったら、あなたはそれを「いらない」と言う。人が何かを伝えようとすれば、あなたはそれを無視する。誰かが意見を言えば、あなたはそれに反論する。

誰かが自分なりのやり方で何かをしようとしていれば、あなたは「正しい道」に導く。誰かが解決策を提示すれば、あなたはそれに反対する。あなたがあることを期待していて、そうではないことが起こると、不満をあらわにする。誰かが邪魔をすれば、激怒する。

そうやって、自分が思う台本に反することが起きたとき、流れを元に戻そうと、あなたは正面攻撃を仕掛けていきます。

でもこれからは、そのやり方を変えてください。**コントロールから観察に重点を移すのです。**水中で手をバタバタさせても意味がありません。自分の人生の邪魔をしないでください。

流れに身を任せれば、どれほど簡単にすべての物事が進むかを目のあたりにして、あなたは心からくつろぐことができるでしょう。

解説

人間の理性は、まるでコンピューターのようです。将来の動きをすべて計算し、行動計画を立てようとします。しかし、最適解を見出すことはほとんどありません。というのは、そのタスクにはあまりにも多くの未知数が含まれており、状況は刻一刻と変化するからです。

しかし、それでも理性は、頑なに自分の台本に固執して、流れに逆らって舟を漕ごうとします。その結果、膨大なエネルギーが浪費され、困難や障害が増えてしまうのです。流れにどう乗るかではなく、流れそのものをコントロールしようとする理性。これが、人々が抱える問題や課題の主な原因の1つです。

これからは、コントロールしようとするのではなく、しっかりと観察することを心がけましょう。

すぐに否定したり、異議を唱えたり、論争を始めたり、言い張ったり、介入したり、管理したり、批判したりしないようにしてください。積極的に介入したり、抵抗したりする前に、状況が勝手に解決に向かうようにするのです。コントロールを手放せば、かえって以前よりも状況をコントロールできるようになります。

コントロールする必要があるものは、あなたの内的・外的重要性のレベルだけです。

40日目

バリアントの流れに沿う

原則

外界とのバランスを保ち、バリアントが展開していく流れを信頼するようにしましょう。手放すのです。参加者であることをやめて、客観的な観察者になりましょう。常に最もシンプルな方法で物事を行うようにしてください。問題を解決しなければならないときには、こう問いかけてください。

「この問題を解決するための、一番簡単な方法は何だろうか？」と。

もし、何かが計画どおりでなければ、固執せずに、台本の予期せぬ変更という出来事を受け入れましょう。もし誰かが何かを差し出してきたら、すぐに断らないようにしましょう。誰かがあなたにアドバイスをしたら、よく考えてみてください。自分と違う意見を聞いたからといって、急いで反論しようとしないこと。

誰かがまちがった方法で物事を進めていたとしても、そうさせてあげましょう。人は自分が思ったとおりにしたいものです。彼らが彼らの意図を実行できるようにしておきましょう。

バリアントの流れは、理性への豪華な贈り物です。

解説

理性は常に、次なる行動計画を練るのに大忙しです。理性は、すべてを秤《はかり》にかければ、最善の道を事前に決めることができると信じています。

しかし、計画はバリアント空間にはすでに存在しているのです。情報構造は、原因と結果の関係の連鎖の中に配置されていて、その関係がバリアントの流れを生み、出来事をシンプルかつ効果的なものにするのです。

それに対して、人々は問題を解決し、流れに逆らって漕ぐことに慣れています。単純な問題に対する、複雑な解決策を探すことを常としているのです。

自然はその逆で、常に最も抵抗の少ない道を進み、エネルギーを浪費しません。たとえば、あるものを探すためにいろんなところを探したのに、結局は、その探し物が自分のすぐ目の前にあったりしたことはありませんか？　それはなぜなのでしょうか？

あなたが**問題から遠ざかり、バリアントの流れに逆らうのをやめた**ときに、自ずと解決策は見えてきます。

しかも、最高の解決策が、です。

41日目

「思い出す」という習慣

原則

困難な状況から脱出するためには、まず、その困難は重要性を膨らませた結果であることを思い出してください。

自分とは無関係に出来事が起こる普通の夢の中では、自分が夢を見ているという事実を知らないからこそ、あなたは完全にコントロールされてしまうのです。これは昼間の起きている時の夢もまったく同じです。問題に没入してしまっているという事実に気づくまで、状況はあなたを支配し続けるでしょう。

もう終わりにしましょう。**幻影を振り払い、現実は明晰夢であり、コントロールできるものである**ということを思い出してください。目を覚まして、昼間の起きている夢の中でトランサーフィンの練習をしましょう。

解説

自分自身が膨らませた内的・外的重要性の中を漂っているときに、最も難しいのは、適切なタイミングで目を覚ますことです。

目を覚ますためには、**監視員、**つまり**内部の観察者**が必要です。監視員はあなたの意識のレベルを常に見張っています。もちろん、激しい怒りを感じたときに、自分をコントロールするのは難しいものです。

振り子は吸血鬼のような存在で、麻酔を使ってきます。つまり、イライラするものに対してネガティブな反応を示すと眠ってしまうというあなたの習性を利用するということです。

このような文章を読んだ後でも、すぐに気が散って、望まない電話にイライラした口調で出てしまうことがあるでしょう。一日のうちに何度か「目を覚ます」ことを心がけ、周りを見渡し、「起きていることは、すべては夢だ。しかし私は眠ってはいない。自分の行動をしっかりと把握している」と自分に言い聞かせるようにしてください。**「思い出す」という習慣は、継続的な練習によって身につけられます。**意識的に気づきに戻ることが習慣になるまでは、振り子はあなたを捕まえようと、あらゆる手を尽くしてくるでしょう。

しかし、うろたえることはありません。全体的に見れば、それはたいしたことではありません。

現状に甘んじることなく、「思い出す」ことを学べば、勝利はもうあなたのものです。

42日目

固定観念を打ち破る

原則

もし誰かが、ある人やあるものの利益のために、自分のことを押し殺して働かなければならないと言ってきたら、その人を信じてはいけません。もし誰かが、この世では努力以外では何も達成できないとやっきになっていたら、その人の言うことに耳を貸してはいけません。

もし誰かが、日のあたる場所を得るために、過酷な争いを強要しようとしたら、その人の話に耳をふさいでください。もし誰かが、「身の程をわきまえろ」と言ってきても、その人の言うことを信じてはいけません。

もし誰かが、「共通の大義への貢献」を掲げる宗派や組織に、あなたを引き込もうとするなら、その人の話を聞かないでください。もし誰かが、「貧乏に生まれたのだから、残りの人生もそのままですよ」と言ってきても、信じてはいけません。

もし誰かが、あなたの可能性は限られていると主張しても、信じてはいけないのです。

解説

常識からすれば、トランサーフィンの原則はすべてが逆転したものです。トランサーフィンから見た常識も同じです。

あなたが、みんなと同じように生きたくない、無難な成果で満足したくない、たった一度の人生を精一杯生きたいと願うなら、あなたは「**旅人**」です。

トランサーフィンでは、旅人というのは、**運命によって選ばれる者ではなく、運命**

を選ぶ者です。

常識という一枚岩をひっくり返せば、人生で欲しいものはすべてあなたのものです。常識的な世界観が、不変の法則であると人はまちがって受け入れています。それは不変などではなく、「中身の薄い」法則であり、破棄されるべきものです。

説明のつかない「奇跡」は案外よく起こります。それなら、あなたの人生に奇跡を起こしてみてはいかがでしょうか。

あなたがするべきことは、あなたの**魂が望むものを手に入れる許可を自分に出す**だけです。

もし、振り子が張りめぐらした偏見と制限という網を引きちぎり、純粋に自分には夢を叶える価値があると信じ、望むものを手に入れてもいいと自分に許可を出すことができれば、あなたはそれを手にすることになるでしょう。

43日目

ビジュアライゼーション

原則

何をするにしても、ただこなすだけではなく、意識的に自分の仕事をほめたたえ、それがいかによくできているかをきちんと認めれば、あなたはどんどん優秀になります。これは非常に重要なことです。以下のことを宣言してください。

「私のやっていることは、素晴らしい仕事だ。今日は昨日よりももっと素晴らしい仕事をしているし、明日は今日よりも、もっと素晴らしい仕事をするだろう」

ゴールのコマを頭の中に持っておくと、たとえ今はそう思えなくても、あらゆる環境のすべてが目的達成に向けて整っていきます。その**プロセスを視覚化すれば、あなたの世界は、スムーズに夢に向かっていく**ことでしょう。

解説

たとえば、あなたが何かのプロジェクトに取り組み、何かを作り上げているとします。作業をしている最中、そして1日の作業が終わった後、あなたの創造物が、どんどん完璧になっていくのを想像してください。今日、あなたは細かなところを見直し、明日、繊細なタッチを加えます。

あなたの創造物が徐々に変容していくさまをイメージしてください。あなたは常に新しい要素を追加し、それがあなたの目の前で傑作に変身していくのです。

あなたはとても満足した気分で、創造的なプロセスに魅了されています。あなたの作品は、あなたとともに成長するのです。

あなたは作品について、ただ考えているだけではありません。作品が生まれ、完璧なものへと成長していく過程を思い描いているということです。創造し、同時に驚嘆しているのです。

これから自分を天才と呼ぶことを恥ずかしがらないでください。そんな思考フォームを宣言すれば、より素晴らしいアイデアが浮かんでくることでしょう。

自分の体づくりに取り組むときも同じです。母親が子供を育てるように、自分の体を育ててください。あなたの体が徐々に完璧な形になっていくのをイメージしてください。筋肉が発達し、あちこちが引き締まっていくのを想像しながら、お手入れやトレーニングをしてみましょう。

そうすれば、それがいかに効率的に完璧に実現されるかに、あなたは驚くことでしょう。

44日目

映画のコマ

原則

人はだいたい、物理的な現実の範囲内で、いわゆる「常識」に導かれた行動をします。しかし、これはあまり効果的なやり方ではありません。

しかし、今や、あなたは大きな優位性を手にしました。いったん現実の形而上的な性質に働きかけ始めたら、あなたが思い描いたものは何でも具現化することができるということです。

思考フォームを物理的現実に出現させるためには、それを体系的に再現する必要があります。ゴールのコマを頭の中に思い浮かべ、すでにゴールを達成した場合の人生を描き出すのです。

たまにしか実現しない無駄な夢想とは違い、これは実際の作業です。その地道な作業を繰り返せば、あなたはその成果を手にすることができるでしょう。

解説

ビジュアライゼーションを実践すると、あなたの世界の層は、**目的が達成されたバリアント空間の領域へとシフト**します。

これがどのように起こるかについては考えてはいけません。あなたは、ゴールのコマにのみ集中するべきです。そのうちに外的意図が扉を開けてくれ、本当のチャンスがやってきます。それは、あなたが「ゴールのコマを使う」という作業をしなければ、決して予見することもできず、現れることのなかったものです。

ゴールが近づくにつれて、恐怖や疑念は消えていきます。映画館で映画を見るように、そのシーンを外から見るのではなく、そのシーンを生きるのです。バーチャルでいいのです。それがすでに起こったようなフリをして、細かなニュアンスをイメージしてください。

ゴールのコマを扱うことに気が重くなったり、つまらない作業だと思ったりしないようにしましょう。すでに目的を達成しているシーンを思い描くことに、喜びを感じてください。

もちろん、そのビジョンがあまり明確でない場合は、それを明確にしようとがんばりすぎないことも大切です。何事も、自分なりの工夫をしてください。**最も重要なことは、計画的に、そして楽しみながらゴールのコマに取り組むこと**です。

そうすれば、ゴールはもうあなたの手の中です。

45日目

目的への道

原則

目的の重要性を捨て去り、恋い焦がれる気持ちを手放し、手にするという決意だけを残すようにしてください。郵便受けに郵便を取りに行くように、目的に向かって進むべきなのです。ゴールへの道のりですべてを台無しにするのは、不必要な重圧、無駄ながんばり、失敗の恐怖です。

台本については何も考えず、頭の中でゴールのコマを流してください。それはもうあなたのものなのですから。

目的を達成する手段については考えないようにしましょう。すでに達成したかのように目的に集中すれば、しばらくして外的意図がチャンスの扉を開けてくれ、その後に手段が自動的に現れるのです。

解説

目的を達成できないのではないかと疑えば、嫌な気持ちになってすべてを台無しにしてしまうことでしょう。では、不可能だと思えることを可能であると信じるためには、どうしたらいいのでしょうか?

そんなことはできません。自分を無理に納得させたり、信じさせたりすることはできないのです。

ですから、そんなちっぽけな心配は横に置いて、ひたすらゴールに向かってください。頭の中でゴールのコマを流し、歩みを止めずに、一歩一歩ゴールに向かってただ進むのです。

心配はいりません。どうせ今はまだ、ゴールは空の彼方のどこかに隠れているのですから。もちろん、「本当に叶うのか?」と疑っているかもしれませんが、それはあなたが心配することではありません。

あなたは注文をするだけでいいのです。あとはウェイターにお任せです。扉が開くのを、理性が目のあたりにしたとき、あなたの疑いは消え去ります。驚異的な成功を収めた多くの人が、自分にそんなことができるとは思ってもみなかったと告白しています。

1つアドバイスさせてください。

目的を1つだけに絞り、それにすべてを賭けないことです。別のルート、セーフティネットも用意しておいてください。過去にあった可能性をすべて捨てて、退路を断つのはやめましょう。

46日目

扉

原則

あなた自身の扉が、あなた自身の目的へと導いてくれます。

頭の中で、ゴールのコマを流し続ければ、遅かれ早かれ、外的意図があなたにチャンスを提供してくれます。つまり、**あなた自身の扉を開けてくれる**ということです。

もし、ゴールまでの道のりでエネルギーを無駄使いし、疲れ果ててしまうなら、それはあなたのものではない扉を通ったということです。すべてが簡単だとは言いませんが、あなたが精神的に高揚し、やる気を感じるのなら、通ったのはあなたの扉であるということです。

あなたが気楽な気持ちで、そして熱意をもって行うことすべてに、価値と意味があるのです。たとえ社会通念の中でまったく意義がなくても、あなたのちょっとした個性や特徴が、あなたの扉への鍵になるかもしれません。あなたのその「どうってことない」個性で、自分自身の大切な扉を見つけていってください。

解説

「あなたにはしなければならないことがあるので、それをきちんとやるように」と、振り子は伝えてきます。人々はあまりにもそれをこなすのに忙しく、魂が真に求めることは、よりよい将来に備えて、意識の隅に押しやられてしまいます。

そして、そのまま人生は終わり、そのよりよい将来が来ることなんてありません。幸せはいつも未来のどこかにあります。その未来は、戦って勝ち取らなければならないものであり、そうやって初めて手に入るものだと人は信じ込んでいるのです。

経済的な理由で好きなことをやめてしまう人も多いでしょう。

彼らの活動は、単なる趣味と、収入を得るための仕事とに分かれています。実際は、もしそれがあなたの目的なら、趣味でお金を稼ぐことも可能なのです。

この世界では、魂を込めておこなうことには、すべて価値があります。しかし、「他にするべきことがある」というまちがった固定観念があるために、人は目的に打ち込むことができないのです。

人々は人生の大半を、赤の他人のために費やすことになりますが、それは生きるためには仕方のないことだと思っているからです。そして魂はと言えば、一日中働いた後に、ほんの少しおこぼれをもらうのみです。

一体、人は誰のために生きているのでしょう？　どこかの赤の他人のためなのでしょうか？

47日目

共依存的な関係

原則

もし、世界があなたに敵対していると感じるのなら、次のことを自分に問うてください。

「私は、今、どんなことに過剰ポテンシャルを注いでいるか」と。

もしあなたが嫌いなものを引き寄せ、苛立たせるものに取り囲まれ、望んでいないことがあなたの周りで起こっているなら、それはあなたが世界の襟元をつかんだからです。世界は抵抗してそこから抜け出そうとやっきになっているからなのです。

自分の願望や主張を声高に叫べば叫ぶほど、その反対のものを引き寄せる磁石は強力になります。握りしめている手の力を緩めてください。世界を好きなようにさせましょう。自分が自分らしくいるための許可を出し、他人にもそのままでいていいという許可を出してください。自分を誰とも比較しないでください。

何かに執着しすぎないようにしてください。**物事を気軽に受け入れ、気軽に手放す**のです。

解説

どのようなことであっても、それが過度に重要視されると、過剰ポテンシャルが生まれ、周囲のエネルギー環境を歪めてしまうことがあります。歪んだ評価がそのものとの関係だけで存在するあいだは、過剰ポテンシャルは必ずしも問題になるとは言えません。しかし、不自然に高められた価値が、他のものと比較関係に置かれたとたん、二極化が生じ、磁石のようにトラブルを引きつけます。

人と人との間に依存関係が生まれるのは、互いに比較し、区分けし、次のような条件をつけるようになったときです。

「もし、あなたがそうなら、私はこうだ」

そんな依存関係は、トラブルを呼び寄せます。たとえば、まったく相容れない者同士が、まるでお互いを罰するかのように結婚してしまうのは、そのためです。また、どんなチームにも、一人は必ずイライラさせてくる人がいるものです。

よく知られている「マーフィーの法則」(物事がうまくいかない時にかぎって、さらに悪い出来事が起こるという皮肉を込めた法則)も同じ原理が働いているのです。すべての争いは、比較と対立に基づいています。

自分自身の基準で、自分なりの結論を出しましょう。

48日目

愛の探求

原則

愛を探しに行く必要はありません。愛があなたを見つけるからです。

パートナーと出会うためには、個人を特定しないで、あなたの理想を体現した人物との生活を映画のコマの中でイメージし、それを体系的に頭の中で流すといいでしょう。ある時点で扉が開き、パートナーが現れます。それからは、あなた次第です。傲慢さや偏見を捨てて、その扉を通る一歩を踏み出すのです。

そのときは、仮面をつけたり、気取ったりすることなく、シンプルに、誠実に一歩を踏み出しましょう。**偽りのないことにまさる魅力はありません。**常に自分らしくいることです。どんな状況でも、本当の自分を裏切らないようにしてください。自分自身の信条に忠実でありつづけましょう。

そうすれば、二元鏡は歪むことはありません。

解説

ロマンチックな映画には、あなたの理想を体現した抽象的な人物を登場させるべきです。すでに知っている人物をコマに登場させるのは、他に報われる愛を見つける手段がない極端な場合に限ります。

基本的には、二人が一緒にいて、お互いを大切にしあっている映画のコマを流すことができます。これは一種の台本ですから、結果的にバリアント空間に存在することになりますが、関係する相手は受動的な対象ではありません。相手もまた、自分の意図を積極的に実現しようとする生命体なのです。

したがって、部分的にはその映画のコマの上映には成功するかもしれませんが、あまり効果的ではないでしょう。というのも、生きている人間は、バリアント空間の中で静止していることはないからです。彼らは常にせわしなく動き回っています。あなたがゴールのコマを流すのに忙しくしている間に、相手は現実世界のパートナーを見つけているかもしれません。

さらに、そのゴールのコマを流されている人の魂は、それが起こっていることを感じ、もしそれが気に入らなければ、無意識のうちにあなたに対して嫌悪感を抱き始めるかもしれないのです。

リスクを取らない一番いい方法は、**「フレイリングの原則（受け取る意図を断ち、与える意図と取り替えるという方法）」**を使うことです。

人と人との関係は、結局、頭の中で夢想するのではなく、他の生きている人間とのコミュニケーションで作るしかないのです。

49日目

振り子の弱体化

原則

振り子の挑発に備えておくようにしてください。不愉快な状況に陥ったとき、あるいは悪い知らせを受けたとき、あなたは当然のことながら、バランスを崩します。標準的な台本では、あなたは心配し、恐れ、がっかりし、不満やいらだちを口にするはずです。

今度は、その逆をやってみましょう。**普通ではない反応を示す**のです。台本をすっかり壊して、別の台本で置き換えるのです。

恐怖ではなく自信を、失望ではなく熱意を、義憤《ぎふん》ではなく無関心を、いらだちではなく喜びを表すのです。

振り子のゲームの本質は、あなたのバランスを崩すことです。ですから、そのゲームのルールを意図的に破るのです。何をしてもいいですが、振り子が望むことをしないように。

それさえ気をつけていれば、勝利はあなたのものです。

解説

振り子は人間のエネルギーを餌にしています。たとえば、あなたが何かに怒ったとき、その怒りを表現すれば、あなたはそのエネルギーを振り子に与えてしまっているのです。

振り子はあらゆるものを刺激して、強いネガティブ感情を呼び起こそうとします。何か嫌なことがあって、イライラしたり、不満に思ったりすると、その嫌なことが続いたり、新たなる不快な状況が発生したりします。そうやって振り子が揺れます。課せられたゲームをあなたが受け入れることで、あなた自身が振り子の揺れを大きくしているのです。

今までとは違う行動をとってください。まったく反応しないか、まったく逆の反応をするかすれば、振り子の揺れは収まるでしょう。普通ではない方法で反応して、別のゲーム、つまり**あなた自身のゲームをするべき**なのです。

ここでの唯一の原則は、あなたが振り子の共振周波数とは違う周波数で揺れるとき、あなたと振り子の間に不協和が生まれ、それによって振り子が止まり、その結果、振り子があなたを放っておいてくれるようになるということです。

50日目

振り子の崩壊

原則

嫌なことについて思い悩んでいると、それが現実に現れてきます。嫌なことを手放すためには、まずそれを受け入れる必要があります。

「受け入れる」というのは、「自分の中に取り入れる」という意味ではなく、**「それが存在する権利を認め、無関心に通り過ぎる」**という意味です。

受け入れて、手放す。つまり、その事実について考えたあとで、別れを告げるということです。

振り子の最初の攻撃には、常に同意して、その後、上手に引き下がるか、あるいはわからないように振り子の揺れを自分に都合のよい方向に向けるか、です。「引っかけられない」ことを学び、あなたをいらだたせるものを無視すること。そうすることで不快なことはあなたの世界の層から消えていくでしょう。

振り子はあなたを引っかけることができなければ、ただあてもなく消えていくのみです。

解説

振り子は夢の支配者です。振り子の挑発に乗ってしまうと、人はまるで深い眠りに落ちてしまったかのように課せられたゲームに没入し、理性は起こっていることにただなすがままに従います。

もし何かでいらだち、鋭い嫌悪感を持ったのであれば、あなたは振り子に頭のフックをつかまれたまま、歩き回っているようなものです。フックをつかむと、振り子は即座に適切なイライラのもとを次から次へと見つけてきます。あなたの感情は揺さぶられ、イライラが収まることがありません。

フックを外すためには、イライラさせるものとの関係性を変えなくてはいけません。注意をそらし、状況を受け入れ、悲劇を喜劇に変えて、他のことに集中してください。何かとの関係を変えるということは、感情を瓶に閉じ込めるということではありません。心の奥底に押し込まれた感情は、決していいものではなく、蓄積されると必然的に爆発し、振り子の餌になってしまうのです。

まずは**自分の感情を表現し、それから意識的に物事のとらえ方を見直して**いきましょう。

振り子と戦っても、勝ち目はありません。単に無視するしかないのです。

51日目

理解不可能な無限

原則

トランスサーフィンはなぜ機能するのでしょうか？　そして、バリアント空間に誰がすべてを「入れた」のでしょうか？

バリアント空間を誰かが「創りあげた」ということではありません。その空間は、もともと存在していたのです。この世に存在するすべてのものは、誰かによって作られ、明確な始まりと終わりがあると考えてしまうのが人間の性《さが》です。

しかし、この世界には、**人間の理性の限界を超えたところに答えがある問い**が存在します。人間の理性は、抽象的な思考能力を持つとはいえ、論理マシーンにすぎないからです。

トランサーフィンは世界の仕組みを説明するものではありません。トランサーフィンは、なぜ自分の現実をコントロールすることが可能なのか、そしてそれにはどうしたらいいかを説明するための、実用的なモデルなのです。

それは、車がどのように組み立てられたかを知らなくても、車の運転ができるのと同じことです。

解説

人類の歴史においてこれまで科学者は、どのように世界が動いているのかを説明しようとしてきました。この挑戦は永遠に続くでしょう。既存のモデルは、すべてより新しいバージョンのモデルに置き換えられていくことになります。

もしあなたが、鏡の前に他の鏡を持って立てば、世界には無数のモデルが存在しうるということを理解できるでしょう。現実のある1つの姿を基にして、別のバージョン、つまり鏡の小さな断片が生まれます。その断片を持って、またメインの世界の鏡の前に立つとき、また新しい断片が反射（リフレクション）として映し出されます。

そしてこのリフレクションを手にすると、また別の世界の新たな側面が映し出されます。そして、これまでのバージョンの現実のリフレクションを取り込んだ、新しい映像がまた生まれます。

では、世界の真の姿とは何でしょうか。

もしできるのであれば、2つの鏡がちょうど向かい合うように置かれている様子を想像してみてください。どちらの鏡も、正面に置かれた鏡の像を無限に映し出すだけでしょう。**虚無が虚無を映し出す、黒い無限の映像**なのです。

理性でこの光景を適切に表現できるでしょうか？

それは無理です。できません。

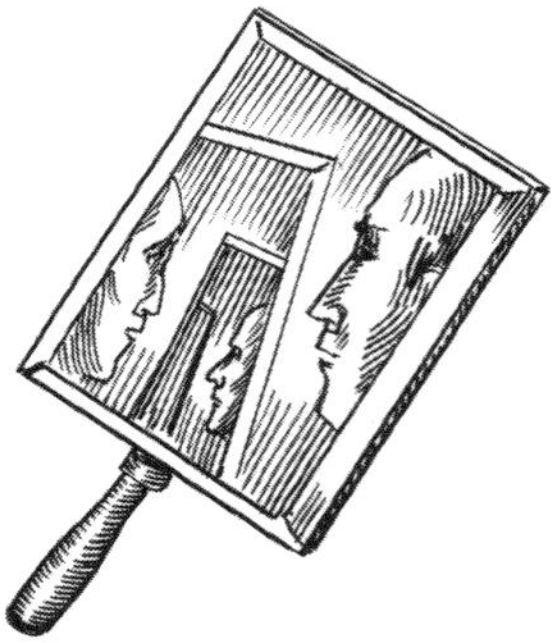

52日目

「永遠」の入口に立つ門番

原則

バリアント空間にはあらゆるものが収められており、あなたの魂と理性が望んだものはすべてあなたのものです。

しかし、「永遠」の入り口には**「門番」と呼ばれる絶対的な存在**がいて、その先にあるすべてのものを守っているということを知っておいてください。そこにずっと立ちはだかるこの門番は、決定者としての権利を大胆にも行使する者しか中には入れてくれないのです。通行証は、以下のような自分自身の判決です。

「私には能力があり、価値がある。なぜなら、私がそう決めたのだから。私は望んでいるのではない。希望もしていない。ただそれを意図するのだ」

この権利を宣言すれば、門番は永遠への門を広く開け放ってくれることでしょう。

解説

芸能界のスターと田舎町の少女、科学界の著名人と小心者の学生、選ばれし者と一般市民は、何が違うのでしょう。その答えは「ただ一歩を踏み出したかどうか」です。勇敢で権利を行使する人たちがいる一方で、先延ばしにして、自分には能力も価値もないと思っている人たちもいます。

臆病者は、「選ばれた人は、何か特別に優れた資質を持っているから選ばれたのだ」と固く信じています。しかし、実際、それはまちがった固定観念なのです。**選ばれた人は、自分で自分を選んでいます。**その一歩を踏み出したからこそ、他者から注目されたのです。あなたも選ばれし者であるという権利を行使してください。そして自分にこう言ってください。

「今、この瞬間から、私は私を選ぶ」と。

自分に価値があるから、能力があるから、その権利があるのではありません。当然のこととして、あなたにはその権利があるのです。バリアント空間には、すべてのものが含まれていて、その中にはあなたのためだけに用意されたものもあります。

「自分には権利がある」

これがあなたの判決であり、「永遠」へのパスポートです。それは、あなた自身の現実を創造するための特権の許可証なのです。

53日目

自分の運命を形作る

原則

自分の人生を自分の手でコントロールすれば、人生はもはやどんな状況にも左右されることはありません。定められているという「運命」から離れて、人生という小舟をどの方向にも進めることができるのです。すべてはとてもシンプルです。

人生ラインは川の流れのようなもの。自分で舟を漕げば、自分が進みたい方向に進むことができます。流されるだけだと、浮かぶままに流れに連れて行かれます。

カルマを求めれば、カルマが生じます。自分の運命が、許しがたい状況や前世の過ちに左右されると思うと、それに対応する潜在的なバリアントの未来が、物理的な現実にもたらされるのです。

あなたは神の子ですから、好きなようにできるのです。もしあなたが運命の決定者になりたいのであれば、その力は既にあなたに備わっています。二元鏡は何にでも同意してくれるでしょう。

解説

たとえば、ある人が目的を立てていたとします。それは、普通の人から見れば達成困難、または達成不可能な目的だったりします。その人の魂は目的に向かおうとしますが、懐疑的な理性はそれを引きとめ、いつもの質問を繰り返します。

「でも、どうやって？」

トランサーフィンの手法は、今までの方法とまったく異なっています。目的達成の手段がまだ明確でない段階では、手段のことは忘れて、あたかもそれがすでに達成されているかのように最終目的に集中するということです。頭の中で目的のゴールのコマを流すと、個人的な世界の層が、目的が実現されるバリアント空間の領域にシフトします。

このシフトはとらえにくい微妙なものですが、実際に起こっていることです。あなたの理性は疑うでしょうが、いくらでも理性には疑わせてやってください。重要なことは、頭の中でそのゴールのコマをしっかりと流すことです。

それは夜間、飛行機に乗っているようなものです。飛行機が動いていることはほとんどわからないですが、エンジンは確かに動いていて、飛行機はあなたを運んで飛んでいます。

同じように、頭の中であなたが目的の視覚化を行う（エンジンを動かす）ことで、外的意図（揚力）が、あなたの世界（飛行機）を目的地に向けて運ぶのです。

意図という操縦桿《そうじゅうかん》は、あなたの手の中です。すべてはあなたの思いどおりにいくことでしょう。

54日目

魂の怠慢

原則

運命の予言を信じたり、夜に見た夢を考えすぎたりすると、知らず知らずのうちに思考フォームが作られ、それがプログラムとして現実化します。くだらないことであっても、それを信じるからこそ、それが現実になるのです。私たちはいつも、自分が信じているものを手にします。

しかし、自分の運命を自分の判断で切り開くのではなく、未来を予言できると言う老人に頼るのは、幼稚で愚かなことです。あなたは**自分の運命の真の決定者**なのです。

あなたがそうなろうと意図すれば、です。

自分の運命を鏡作り職人に預けないでください。

解説

占いを信じるのは大人になりきれていない人だけで、そういう人たちにとっては、人生は非明晰な夢のようなものです。もし、あなたが自分の運命を切り開くつもりなら、鏡作り職人の力を借りる必要はないでしょう。

占星術師、チャネラー、占い師は、鏡を作る職人以外の何者でもないのです。

結局のところ、彼らは無害な占いの結果を伝えるだけではなく、あなたの1つの運命、つまりそれが映る鏡の断片を差し出します。それは1つの宣言となり、潜在意識にあり続け、今後のあなたの運命を決定してしまうのです。

本当にそんなことで、大金や未来の一部を手に入れられると思いますか？　運命の書を覗《のぞ》き見ると、その後に困ったことが起こります。占いや予言の代償はいつも同じです。

あなたが望むと望まざるとにかかわらず、あなたはいつもその結果を気にして、人生に組み入れるようになるということです。

予言に興味を持つということは、鏡をもらって、その中で笑っていいかどうかを鏡作り職人に尋ねるようなものです。しかし、**あなたはすでに鏡、つまりなんでも創造できる世界の層を持っている**のです。

自分の鏡があれば、あなたは自由です。自分が望めばいつでも、決定者の意志を利用して、敗北を勝利に変えることができるのです。

予言なんて、本当にどうでもいいものです。

55日目

決定者の考え方

原則

人は否定的な物の見方で、自分の世界の層を真っ黒に塗りつぶします。鏡は、単にあなたの心持ちを映すだけで、それに対するあなたの好みは無視します。あなたが何を考えているかは重要ではありません。重要なのは、あなたがそれをどのように考えているかです。

鏡への反射（リフレクション）が気に入ってもいなくても、あなたはそれについて考えていることに変わりありません。あなたの**思考の色合いだけが重要**なのです。

今この瞬間から、自分の思考パターンと受けとめ方をコントロールするようにしてください。何が起こっても、すべてをポジティブなものとしましょう。最終的に手に入れたいものに意識を集中させましょう。時間が経つにつれて、あなたは自分にとっての快適な現実を創造します。

立て続けにこれから起きる楽しい出来事への心の準備はいいですか?

解説

人はつい意識を自分のネガティブな経験ばかりに向けてしまいます。嫌なことで頭がいっぱいになってしまうこともあります。自分が望まないことについて考え、自分が考えていることを望んではいません。しかし鏡は、その人が望んでいるかいないかは考慮に入れません。ただ、**鏡は映像の内容を正確に伝えるだけ**であり、それ以上でも以下でもないのです。

実にバカバカしいことです。人は自分の嫌なことを延々と引きずっています。だから貧乏人はますます貧乏になるし、金持ちはより金持ちになるのです。彼らはみんな、リフレクションだけを見て、自分の現実の様相を決めているのです。こうやって現実は、底なし沼のようにあなたを引きずり込みます。

年金の列に並んでいる老女、満員バスの中で荷物をたくさん持っている疲れ切った女性、医療機関を転々としている病気の患者。彼らは自分たちの考え方によって、厳しい現実にどっぷりとつかっているのです。

その一方で、海やヨット、旅行、高級ホテル、高級レストランなど、心ゆくまで人生を楽しんでいる人もいます。人はどんな状況でも、結局は同じ言葉を口にします。

「人生とはこういうものだ」

つまり、私たちの人生は、私たちが想像したものとなるということです。

鏡は、私たちの思考内容を常に確認し、それに合わせてくるのです。

56日目

世界に対する不満

原則

もしあなたが本当によりよい人生を歩みたいと思うなら、反射的に否定することをやめて、次のような肯定的な人生哲学に置き換えてください。

「私の世界はいつも私にとってベストなものを選んでくれます。私はバリアントの流れに乗っているだけです。

世界は私を気づかってくれます。私は自分の意図で自分の世界の層を作ります。私の世界は私を守ってくれます。私の世界は問題が起こるのを防いでくれます。

私の人生が気楽で快適であるように気にかけてくれています。私が注文を出すと、世界はそれを届けてくれます。私が自分をケアする方法を知らなくても、世界は知っています。**私の意図は、物理的な現実で実現します。**すべては実現に向けて進み、あるべき姿になっていくのです」

あなたが現実をコントロールするか、現実があなたをコントロールするか、そのどちらかであることを忘れないでください。

解説

時間とともに人生が色あせ、心の落ち着きが不安や心配に変わっていくのはなぜでしょう。それは、年齢とともに直面する問題の数が増えるからでしょうか。いいえ、それは人が成長するにつれて、より否定的な態度をとる傾向が強くなるからです。

不満というのは、心の落ち着きからくる満足感よりも、強い感情です。何事も、今この瞬間が幸せであることに気づかないまま、人は人生に対して要求だけが強くなっていきます。

幼い子どもの要求はどんどんと大きくなります。つまり、子どもは甘やかされて育ち、感謝することを忘れてしまうのです。当然、世界はこの子の要求が増えていくのについていけず、このかわいい幼子は世界に対して態度を変え、不満を口にしはじめます。

「あなたは嫌な奴だ。あなたは私が欲しいものをくれない！　私のことなんてどうでもいいんだ！」

その否定的な態度に、不満な魂と不幸な理性は一致を見ます。**世界はただの鏡**なので、悲しげに両手を上げて、こう答えるしかありません。

「お気に召すままに、私のかわいい人、愛しい人。あなたがそう望むのなら」

こうした仕組みで、思考の反映である現実は、より悪い方向へと変わっていくのです。

57日目

劣等感

原則

自分が世間的なスタンダードに合っていないと思うと、自分のことをダメだと感じはじめますが、それは誰と比べてのことなのでしょうか？　みんなと同じになりたいのか、それとも自分らしくありたいのか、自分に問いかけてみてください。

自分の欠点を隠そうとすると、自分らしくいることはできません。自分のよさを伸ばすことに集中すれば、自分らしさを感じることができます。劣等感があっても、自分の長所とバランスがとれるようになります。

欠けている部分を魅力がカバーするのです。自信は、自分の身体的欠点を補います。人との交流が苦手なら、聞く力を磨けばいいのです。

人見知りで悩んでいるなら、アドバイスは、「人見知りという欠点を宝物として大切にすること」です。人見知りの人は不思議な魅力を持っています。格好をつけることをしないかぎりは。

解説

劣等感は、比較することで生まれます。

「私は外見的に魅力がないし、才能や特別な能力もない。知的でもないし、気が利いているわけでもない。人とのコミュニケーションの取り方もわからない。自分には何の価値もない……。いや、価値がないどころか、本当に最低だ！　実際、私はあの人たちより劣っているし！」

これはまさに依存の例です。そしてそれは二極化につながります。「彼らは善で、私は悪」というような。

このような二極化があると、バランスをとるための風が起こり、その風は人為的に低く見積もられた自分の価値を、あらゆる方法で高めようとします。そのため、自分が隠そうとしている部分をさらに強調するような不自然なふるまいをするようになるのです。

そうやって劣等感との戦いは、劣等感自体よりもはるかに不愉快な結果を生む可能性があります。

このような劣等感を解消する方法はただ1つです。

他人と比較するのをやめ、自分の欠点から長所へと注意を切り替えることです。自分の長所が画面いっぱいに出てきて、欠点が背景に消えていくような、そんなポジティブなコマを作るのです。

そんな映画のコマの中でバーチャルに生きれば、やがてそれが現実のものとなります。

58日目

私はこれで十分

原則

今ははっきりとわからなくても、あなたはとてつもない可能性を秘めているというのは紛れもない事実です。あなたは何でもできるのです。ただ、誰もあなたにそれをまだ教えてくれていないだけです。

「魂は何でもできる」という事実を、基本的な真実として受け入れ、それを最大限に活用する許可を自分に与えてください。自分の外部にある情報源に真実を見出すのをやめましょう。自分の内面をよく見てください。そうすれば、すべての疑問に対する答えが見つかるでしょう。

「内面を見る」というのは、ただの比喩ではありません。**純粋に自分自身に質問を投げかけ、自分でそれに答えてみる**のです。それに対応するバリアント空間の領域とつながることで、あなたは何かを発見し、新しいものを構築し、傑作を生み出すことができるようになります。

すでに力を持っている権威者に頼るのはやめましょう。彼らも必要なときに同じ源に目を向けていたのです。次はあなたの番です。

解説

芸術、科学、ビジネス、スポーツ、バラエティ、映画などの天才たちの作品や活躍に関心がありますか？　あなたもその1人になれます。天才の作品が楽しめる理由は、それが魂から生まれたものだからです。あなたの創造物も、あなたのユニークな魂から生まれたものであれば、他の人を楽しませることができます。

平凡なものはすべて、理性が作り出したものです。理性による創造物は、理性そのものと同じように、決してユニークではありません。あなたの魂だけがユニークなのです。

あなたは本当の宝物を持っているのです。どんな素晴らしい創造物も、あなたの魂からしか生まれないのです。**魂が創造するのを、理性は許可**してください。あなたはただ、他人の経験や固定観念に惑わされるのをやめればいいのです。自分自身のスタンダードを作るのです。

あらゆる種類の問題に直面したとき、質問を自分に投げかけ、答えを見つけるための時間をとってください。答えは自ずとやってきます。すでにバリアント空間に存在しているのですから。あなたは、ただ自分で答えを手にするという意図を持ち続ければいいのです。

ただ1つの条件として、バリアント空間の必要な領域に「同調」するためには、その分野の基本的な技術や知識を持っている必要があります。それさえあれば、あとは直感という形でコミュニケーションをとろうとしているあなたの心の声に、注意深く耳を傾けていればいいのです。

59日目

意思決定

原則

ある状況下でこれからどのように行動するかを考えるときには、あなたの理性だけが働いています。メリットとデメリットを分析し、健全で説得力のあるコンセプトを構築し、同時に他人の意見も考慮に入れるようにすることでしょう。

しかし、その考慮の中には、魂が感じる予感は入っていません。そう考えると、理性は眠っているのと同じようなものです。だから、理性はそのまま眠らせたままにしておき、結論が出るまで気にしないことです。

一度決めたら、他の人の言うことは聞かないようにしてください。目を覚まして、決断したときに自分がどう感じたかを吟味してください。その瞬間にあなたの**魂がどれだけ心地よく感じるかを見極める**ことで、理性の決断に対する魂の反応が明確になります。

解説

決断をするときには、まず理性の声に耳を傾け、次に魂の感覚を探ってください。理性が決断を下すやいなや、魂は肯定的もしくは否定的な反応を示すでしょう。否定的な反応というのは、魂の中でひそかな不快感が生まれ、なんとなく心がざわつくことです。

あなたが決断を下したとき、あなたは瞬間的に何かを感じるでしょう。しかし、その時、理性は分析に忙しく、あなたの感覚などは一切気にもしていなかったはずです。でも、思い出してみてください。最初の一瞬の感覚は何だったのか。理性による楽観的な理由づけを背景にしながらも、気が重くなるような感覚があったなら、魂は明らかに「ノー」と言っているのです。

魂が「ノー」と言っているのに、理性が「イエス」と言っているのなら、できれば思い切ってそれは断ってください。魂は常に自分が何を望んでいないかを正確に知っているのです。

魂からのノーを判断するための、シンプルで確実な判断基準が1つあります。それは、**もしあなたが自分自身を説得してイエスと言わなければならないのなら、魂は本当はノーと言っている**のです。

覚えておいてほしいのは、あなたの魂が何かにイエスと言ったとき、あなたは自分自身を説得する必要がないということです。

60日目

夜明けの星のざわめき

原則

問題に直面し、その解決策がはっきりしないときは、自分の直感を信じてください。予感だけに頼れば失敗はつきものですが、理性の声ばかりを頼りにしていると、より多くの失敗をすることになるでしょう。

決断を迫られたとき、どうすればいいのか、自分の魂が一番わかっています。魂が何を伝えようとしているのか、理解するのは難しいかもしれませんが、魂が理性の決断を承認しているかどうかは、はっきりとわかります。

理性が下した決断に反応して感じる**魂の不快感は、真実を知るための信頼できる判断基準**なのです。

解説

理性は、シンボル、言葉、概念、図、規則など、ある一定の記号の助けを借りて思考します。魂はこのような記号を使いません。魂は考えたり、話したりせずに、感じ、知るということのみ行います。おまけに、理性は常に自分のおしゃべりに忙殺されています。そして、すべてを合理的に説明でき、常にコントロールできると信じています。

理性がその力を緩めると、直感的な感情や知識が意識の中に入ってくることがあります。理性が集中力を失うこの瞬間に、魂の領域である感情や知識を感じ取ることができるのです。それは、夜明けの星のざわめき、無言の声、ぼんやりとした思いつき、音なき音です。

何かあると理解してはいても、それが何かはわかりません。はっきりとは言えないけれど、**直感的に感じる**のです。ただ、わかるのです。

魂は情報フィールドにアクセスすることができるので、魂の声に耳を傾けるだけで、多くの疑問に対する答えを見つけられます。そして魂は、誤った、あるいは危険な行動を取らないように、あなたを守ってくれているのです。

たとえば、飛行機に乗る前に、ある種の異常な不安を感じたら、その便には乗らないほうがいいでしょう。

同じように、初めて会った異性に対して「自分にぴったりだ」と無理に自分を説得する必要があるのなら、その人との関係がうまくいくことはないでしょう。

61日目

借り物の目的

原則

自分の目的を決めるとき、「私は本当にこれを魂の奥底から望んでいるのか？　それともそれを望んでいる自分でありたいのか？」と自分に問いかけてみてください。

もし、あなたが自分自身を説得しなければならないようなら、それは借り物の目的にすぎません。もしその目的が本当に自分のものであるなら、自分を納得させる必要はないからです。

借り物の目的に向かうときには、幻の未来のためにいつも喜びを抑えている状態となります。本来の目的に向かっているときは、その瞬間そのものが幸せなのです。

借り物の目的は、厳しく、義務的で、人から強制されたものです。借り物の目的は、常にファッションと名声で着飾り、その優越性で誘惑してきて、あなたに自分の価値を証明するようにと強要してきます。

借り物の目的は、あくまで他の人から押し付けられたものであり、他の人の幸福を増進するためにしか役に立ちません。自分自身の目的を探してください。

解説

借り物の目的は、魂に不快感を呼び起こします。しかしその偽りの目的は、非常に魅力的に見えがちです。あなたの理性は、その目的のポジティブな価値を最も明るい色で描くでしょう。

しかし、その魅力にもかかわらず、その目的に何らかの負担を感じるのであれば、自分自身にぜひ正直になってください。当然のことながら、理性は知りたくはないのです。理性が知るかぎりにおいて、その目的はすべてが素晴らしく、完璧なのですから。では、その陰鬱な色合いはどこから来るのでしょうか？

自分の目的を考えるとき、その達成したときの特権や、達成の難しさ、あるいは達成の方法については忘れてください。**魂が感じる心地よさ**だけに意識を集中させるのです。

あなたがすでに目的を達成し、すべてを得ていると想像してください。どうですか？気分はいいですか？　悪いですか？

「魂への抑制」（あるいは、「これは本当に私にふさわしいのか？」と考える遠慮）と、「魂が感じる不快」を混同しないでください。魂が感じる不快というのは、圧迫や負担といった重苦しい感覚で、それは理性による楽観的な考察の裏にかすかに潜んでいます。

映画のコマを頭の中で流すことで魂への抑制をなくすことはできますが、不快感をなくすことはできません。

62日目

あなた自身の目的

原則

すべての人間は、魂のユニークさという貴重な宝物を内に秘めています。すべての魂には目的があり、人は自分自身の目的への道を歩んでいるとき、真の幸福を見出すことができるのです。

幸せは、未来のどこか先にあるものではありません。今ここにあるのか、それともまったくないのか、どちらかです。

真の成功を得るための秘訣は、**振り子から解放され、自分の道を選択する**ことです。

自分にこう問いかけてみてください。

「私の魂は何に情熱を感じるのだろう？　何が私の人生を継続的な祝祭に変えてくれるのだろうか？」と。

あらゆる制限や限界は考えないでください。遠慮もいりません。好きなものを好きなだけ注文してください。その目的が自分のものであるのなら、魂は歌い、理性はもみ手をして喜ぶでしょう。

解説

人間の魂は、自分が何を望んでいるかは漠然としかわからないのです。そのため、理性の手助けが必要となります。理性はいつものように、論理的に目的を見つけようとするでしょう。しかし、それはまちがっています。

魂は、適切な場所で、適切なタイミングで、自分で目的を見抜き、あなたはそれを感じることでしょう。理性の仕事は、目的を探すことではなく、魂が目的を見つけたときにそれに気づくことなのです。重要なのは、**魂が目的に到達するためのチャンスを与える**ことです。

自分の世界を広げ、行ったことのない場所に行き、見たことのないものを見るのです。新しい情報を取り入れ、日常のありふれたサイクルを断ち切らなければなりません。

そのうえで、目覚めた状態を維持し、時間の制限を設けないで、心の声に注意深く耳を傾けてください。目的探しを義務にしないでください。ただ、シンプルにこう思ってください。

「私は、自分の人生を絶え間ない祝祭に変えてくれる何かを探しているのだ」

そうすれば、ゴールは自ずと見えてくるでしょう。自分の魂を明るく輝かすような情報に出会い、理性がそれをあらゆる角度から考察することに大きな喜びを感じるとき、あなたはまさにそれを見つけたということなのです。

63日目

意図の舵を取る

原則

目的を達成したければ、願望を確固たる意図に変えなければなりません。憧れは実現しません。目的にただ恋い焦がれるのはやめましょう。意図さえ持てば、それはすでにあなたのものです。熱望することは、失敗を恐れることにつながります。

「目的を達成したいけれど、そのためのエネルギーがない。うまくいかないのではと、とても恐い……」と。

なぜ恐れるのでしょうか？　それは、あなたが目的自体についてではなく、達成するための方法について考えているからです。方法について考えるのはやめましょう。あなたがしなければならないことは、**目的をもうすでに達成されたものとしてとらえ、頭の中でゴールのコマを流す**ことです。目的までの道のりでは、思いどおりにいかないこともあるでしょうし、まったく何も起こらないこともあるかもしれません。それでも落ち込まないでください。どのような展開になっても、目的に向かって真っすぐ進んでください。そして次のことをモットーにしてください。

「私は望まない。願わない。ただ意図する」

解説

バリアント空間にある目的に向かっているあなたは、小舟で大海原を航海しているようなものです。陸地に到達するためには、常にコンパスの指す北に向かって進まなければなりません。コンパスの針が指している方向というのは、あなたの思考回路の焦点を表しています。岸に近づき、乾いた大地に降り立つという心象風景を思い描いている間、あなたのコンパスの「針」はめざす場所にセットされています。あなたはただ漕いで、陸に到着することだけに集中すればいいのです。

そのうちに、せっかちな理性は焦りはじめ、漕ぎ手をあおります。

「この方向でいいのか？　まだ先なの？　体力が尽きたらどうしよう。もし、まちがった方向に進んでいたら？　そうだ！　反対の方向に進むんだ！」

その結果、コンパスの針は揺れ始め、小舟は常に進路を変え続けます。理性はバリアント空間で何が起こっているかがわからないため、疑い、心配をはじめます。理性は、ふだん自分が状況をコントロールすることに慣れているからです。

自分が何をしているのかがわかっていると、理性は落ち着きを取り戻します。ですから、理性にはタスクを与えておいてください。舟を揺らさないように、そしてコースをちゃんと進むために、舵をしっかりと握っておくように、と理性には伝えておきましょう。

次々に浮かぶ思考をコントロールすること、それこそが、理性がするべきことなのです。

64日目

魂の帆

原則

誰もが自分なりの目的を持っていて、その道の途中で、すべての才能を開花させ、真の幸福を見出すようになっています。自分のユニークさ、創造主から授かった力に気づいていない場合、人は明晰夢ではない通常の夢に陥ります。

振り子は、夢を見ている人たちを言いなりにして、まちがった目的を押しつけ、決まった枠組みの中に入れ込み、システムのための単なる歯車とします。借り物の目的を目指すと、その人の人生はまるで懲役刑に服しているかのようになります。

しかし自分自身の目的に向かう道では、人生における真の幸福を見つけることができます。目的を持つことで、あなたの人生は祝祭に変わり、目的を達成することで、すべての他の願望も満たされます。

その結果は、あなたの想像以上です。

あなた自身の目的を探してください。それは必ず見つかります。

解説

自分自身の目的を探すことは、本当に必要なことなのでしょうか？　実は、ほとんどの人は、そんなことを考えてもいません。ただ生きているだけなのです。いえ、「生きている」とさえ、言えないかもしれません。日々同じことの繰り返しです。いつもと同じ仕事を、いつもと同じ人たちとして、いつもと同じ道を通り、お決まりの気晴らしをして、永遠に続く世話や責任を負い、たまにしかないお祝い事（しかも決められた日に）を楽しみにしているだけなのです。

その一方で、毎日がカーニバルのように、いつも明るく色鮮やかな人生を送っている人もいます。このような幸運な人たちには、仕事の日というものが存在しないのです。仕事場では遊ぶように「働き」、毎日が面白い出来事や幸せな経験、目まぐるしい出会いの日々なのです。

「なぜ、彼らはそうなのに、私はそうでないのだろう?」

それは、**その選ばれし人たちは、自分の道を探しあてたから**です。この類いの人々は、ほんの一握りしかいません。それ以外は、決められた枠組みの囚人であり、システムの中の平凡な部品でしかありません。選択の自由を放棄していることに気づかないまま、唯一無二の力を持つ神の子たちは、振り子が自分たちの人生を非明晰な夢に変えてしまうことを許してしまっています。

何を欲しがるべきか、どのように生きるべきか、何を目指すべきかを、彼ら自身に代わって、今やシステムが決定しているのです。

65日目

悲観主義

原則

人は、鏡に映った自分の姿を見て、気に入らない特徴があると、そこに注意を向け、否定的な反応を自動的に表出します。その結果、すべてのことが悪い方向に進んでいきます。現実の鏡に映ったもの（リフレクション）は徐々に暗くなり、自分の思考フォームと同様に色あせていきます。彼らの世界は、かつての新鮮な色彩を失い、ますます殺伐とした惨めなものになっていくのです。

イライラするものに注目しなければ、それらはあなたをいらだたせなくなるでしょう。**問題を探すのをやめる**のです。その代わりに解決策を探してください。泣き言を言うのをやめましょう。人生との関わり方を変えたら、すべてが順調に展開し、物事はよくなる一方だという確かな実感を味わえます。

すべては思いどおりになるのです。

解説

悲観主義というのは、他者から見るとまったく魅力的には見えません。「無理だ。どうせすべてが無駄に終わる」という考えは、マゾヒズムの一種です。

悲観主義者は、自分が置かれている状況を嘆き悲しむことで、変な満足感を得ているのです。

「最悪の世界だ！　これ以上悪くなりようがない！　これが世界ってヤツか！」

敗者も同じように宿命的な絶望感で、自分の不遇を嘆きます。「人生は真っ暗闇で、トンネルの先にも光はない」というように。このような考えの人たちは、自分の運命を呪って、悲運を嘆くことに思考エネルギーを使います。しかし、映像が不満ばかりだというなら、鏡はそれ以外に何を映せばいいのでしょうか？

「私は不幸だ、こんなことは望んでいない！」という映像があれば、鏡の反射もまた、「そうだ、あなたは不幸だ。あなたは、こんなことは望んでいない！」と返してきます。鏡は事実を映すものであり、それ以上でも以下でもないのです。

不満を漏らすことで、かえって人生に不満を持つ理由の数が増え、その人と世界との関係性が悪化することになります。そして、かつての人気者は、運命に恵まれずに、自分が世のためにどれほどのことをしてきたことかと文句ばかり言う、ただの不平屋に変貌してしまうのです。

悲しいことですね。人は、**自分がすべてを台無しにしている**ことに気づいていません。

66日目

支え

原則

もし、今、あなたに辛いことがあっても、目を覚まして、問題がそもそもどのように生じたのかをしっかり見れば、必ず自分の中に支えとなる考え方を見出すことができるはずです。**問題は、問題そのものにあるのではなく、あなたがそれをどのようにとらえているか**にあるのです。

問題の重要性ばかりに目がいくと、振り子にエネルギーを与えてしまいます。どんな厳しい状況下でも、振り子が期待していることは、あなたが反撃してくるか、やる気をなくして落胆に沈むかのどちらかであると気づいてください。そして、そのどちらもしてはいけません。

では、支えとなる考え方も、自信という軸もなければ、どうすればいいのでしょうか？　目を覚まして、ゲームがどのように行われているかに気がつけば、自信は戻ってきます。不敵に笑って、こう言ってください。「あぁ、君が振り子なのか？　そう簡単には引っかかりはしないよ。今度はね！」

あなたはもう操り人形ではありません。あなたは自由を手にしたのです。

解説

ゲームのルールを知らない人にとって、世界は威圧的で敵対的なものに見えるかもしれません。押し寄せる孤独感や憂鬱によって眠りに誘われ、そのときの環境に負けてしまうかもしれません。複雑な問題や不幸な知らせに直面したとき、人は振り子にエネルギーを奪われ、その状況からの圧力で、不安や重荷、エネルギー不足にさいなまれます。そうやって人は戦闘態勢に入るか、絶望して諦めるかのどちらかになるのです。

どちらも異常な状態であり、ストレスや憂鬱を感じてしまいます。人は支えを得るために、タバコやドラッグを吸ったり、アルコールを飲んだり、他の似たような方法を使って状況に耐えようとします。その結果、今度は別の振り子に取り込まれてしまうのです。

あなたがするべきことは、**目を覚まして、ステージを降りずに観客の1人としてゲームをじっくりと観察すること**です。そうすると、まるで海水が突然蒸発したかのように、海底に眠るすべての岩をはっきりと見ることができるでしょう。自分の中に支えとなる考え方を見つけることができるのです。

自分の周りで何が起こっているかを理解することは、とても大切なことです。こういった知識を得るだけで、確固たる自信を手にすることができます。自信のなさは、たいてい未知なるものへの恐怖からくるからです。すべてを知ることで、あなたは人生を明晰夢に変え、自分自身が置かれたどんな状況もコントロールできるようになるのです。

67日目

台本の変更

原則

あなたの周りのすべてのものを、観察者の目で見てください。自分が演劇に参加していることを想像しながら、同時に周囲のあらゆる動きに注意しながら、冷静に行動してください。自分の台本にこだわらないでください。バリアントの流れに身を任せましょう。

だからといって、すべてを肯定する必要はありません。目をつぶって強い流れに翻弄されることと、意識的に、意図を持って流れに沿うことは、まったく別のことです。

そうしているうちにあなたは、**舵をしっかり握るときと、緩めるときを知る**ことができます。世界がするように任せ、その動きを観察しましょう。賢い指導者のように、若者に自由な選択の余地を残しながら、時折正しい方向へ導くように目を離さないでください。やがて世界はあなたを中心に動き始めることに気づくことでしょう。

解説

人は目隠しをされたまま、引っ張られていくと不快に感じます。理性は、何も起こらなかったり、計画どおりにならなかったりすることを受け入れることができません。理性は、ロボットのように設計されています。そのプログラムが壊れると、赤いランプが点灯するようになっているのです。

いわゆる常識というのは、実に原始的なもので、固定観念で行動方針を決めてしまうだけでなく、それに沿って実行するように強く求めます。

本当は多くの場合、無理に行動する必要はなく、起きていることに静かに従うだけで十分なのです。邪魔をしない限り、バリアントの流れは、出来事を好ましい方向へ導いてくれます。理性の近視眼的な意図を逆方向に向ける必要があります。予期せぬものを受け入れるために、台本をダイナミックに変えるのです。

このような作業は、理性にとっては初めてのことでしょう。しかし、鏡の前でじゃれる子猫でいたくなければ、これが唯一の効果的な方法です。

状況をコントロールすることを意識的にやめるようにすると、状況をコントロールできる真の力を得るようになるのです。

68日目

魂を入れる箱

原則

私たちの魂は、苦しむためにこの物質的な世界に来たのではありません。しかし、陽のあたる場所を求めての戦いが常態化していることは、振り子にとっては、ありがたいことです。

あなたの魂は、本当は祝祭のためにこの世界に生まれてきたのです。そのように人生を見る許可を自分に与えてください。見知らぬ振り子の利益のために一生働くか、またはは自分のために、つまり自分の喜びのために生きるかは、あなた自身だけが決められることです。

もし、あなたが祝祭を選ぶのであれば、自分を拘束する振り子から離れ、自分の目的とそれに続く扉を見つける必要があります。理性と魂を一致させれば、文字どおりの意味でも、比喩的な意味でも、あなたの魂が望むものは何でも手に入るでしょう。

自分に最高のものを与える贅沢を認めてください。

解説

私たちは世界全体を変えることができないので、私たち次第ではないものを受け入れることを学ばなければなりません。多くの制限や慣習は、文字どおり魂を箱の中に閉じ込めてしまいます。

振り子によって捕らえられた理性は、魂の看守となり、魂の可能性が花開くのを阻止します。人は振り子が望むようにふるまうことを余儀なくされ、グチを言い、いらだち、恐れを感じ、競争し、闘うようになります。これは単に振り子が仕組んだゲームであることに気づいてください。

これがなぜゲームであって戦いではないのかというと、本来、振り子自体が土塊《つちくれ》人形のようなものだからです。このゲームでは、あなたの可能性は意図によってのみ制限されます。そして、振り子の可能性は、あなたが物事に置いている重要性とあなたの意識のレベルによってのみ、制限されます。

重要性がゼロになると、振り子はどこかへ消えていきます。ゲームのルールを自分は理解していると実感できると、力を取り戻すことができます。

振り子があなたを引っかけ、バランスを崩させようとしているのに気づいたら、すぐに自分自身に微笑みかけ、**重要性のレベルを積極的に落としてください。**そうすれば、あなたは自分の強さを感じて、自分でゲームの台本を決められるとわかるでしょう。

振り子が仕掛けたゲームに勝つとき、あなたは選択の自由を手にします。

69日目

理想化

原則

人が何かを極端に理想化すれば、遅かれ早かれ、必ずその「神話」は否定されます。失望を味わいたくなければ、「やってはいけない3つのルール」を必ず守ってください。

1つ目は、何が起ころうとも、重要性のレベルを上げないこと。何事も、見かけほどには重要ではありません。

2つ目は、誰かを偶像化しないこと。彼らは見た目よりもずっとありふれた存在なのです。

3つ目は、現実を取り繕ってよく見せようとしないこと。すべての事象は実に平凡なものです。常に現実を冷静に評価するように努めましょう。

解説

実際には存在しない何かがどこかにあると考えたとき、過剰ポテンシャルが発生し、周囲のエネルギーフィールドに歪みが生じます。平衡力は、その異質性を排除しようとしますが、それはほとんどの場合、**「その神話をひっくり返す」ことを目的**とします。

たとえば、若くて夢見がちな青年が、自分の恋愛の対象を「純粋な美しさを持つ天使」だと想像していたとします。しかし、実際には、彼女は楽しいことが大好きな素朴な1人の女性で、恋に落ちている若者が描く妄想とはまったくかけ離れていたりします。

または、理想の夫の姿を心に描いているような女性がいたとします。自分が描いたとおりの夫であるべきだという思い込みが強ければ強いほど、過剰ポテンシャルが生み出されるのです。それを取り除けるのは、まったく正反対の性質を持つ人物だけです。

その逆も然りで、酔っぱらいや無礼な人のことを心から嫌がっている女性であればあるほど、アルコール依存症の人やとてつもなく無作法な人を選んでしまうという罠に陥ります。

自分が積極的に何かを嫌うと、それを引き寄せることになるのです。

また逆に何かを過剰に理想化し始めると、バランスをとる力によって、厳しい現実に直面させられることになるのです。

70日目

無条件の愛

原則

もし誰かがあなたに愛情を抱いたなら、それは奇跡だと思ってください。あなたにそれに応える気持ちがわかなくても、その相手を冷たくあしらってはいけません。自分に向けられた気持ちをありがたく受け取り、その相手に優しく接しましょう。考えてみれば、愛されることは奇跡なのです。

もし、その人があなたに愛を注いでくれる最後の人だとしたらどうでしょう？　同様に自分が持つ他者への愛情も大切にしてください。ただし、依存的な関係になってしまわないように。

無条件の愛、要求のない愛を差し出すことは、他の人に同様の感情を呼び起こす唯一の方法です。

「受け取りたい、所有したい」という欲求を捨てましょう。見返りを期待せず、ただ愛すれば、もしかしたら奇跡が起こり、あなたも愛し返されるかもしれません。

解説

世界の鏡の前に立っている自分を想像してください。もし、あなたの映像が愛に満ちたものであれば、鏡の反射も同じように愛に満ちたものになるでしょう。

しかし、もしあなたの映像に相思相愛を「求める」気持ちが込められているなら、鏡への反射にはお互いの愛情は映し出されません。鏡には、誰かに好かれようとするあなたの空しい試みだけが映し出されることでしょう。

愛が依存的な関係に変わるとき、過剰ポテンシャルが生じ、その圧力によって一種のエネルギー漏れがもたらされます。依存的な関係というのは、以下のような条件をつけることで生まれます。

「もし私と結婚したくないというのなら、それはあなたが私を愛していないということ。もし、私を愛しているなら、あなたはいい人、愛していないなら、あなたは悪い人だ」

所有したい、つまり愛し返されたいという欲求が強ければ強いほど、平衡力は強まり、あなたを困らせるためにどんなことでもしてきます。

無条件の愛は、所有という概念から自由で、依存を生み出さず、創造的でポジティブなエネルギーを創出します。

無条件の愛だけが、両思いという奇跡を起こすことができるのです。

71日目

比較による二極化

原則

常に自分を他人と比較している場合、自分を過小評価している場合は劣等感を、過大評価している場合は優越感を感じることになります。どちらも同じように普通の状態ではありません。

振り子があなたにスタンダードを押しつけてくるのは、みんなが一列に並んで歩くことが振り子にとって好都合だからです。

「標準的でない」という思いを、**「私はこれで十分」という思い**に変えましょう。「みんな同じでなくてもいい」という権利を行使するのです。

「私のようになりなさい。私のようにしなさい」という振り子の規範を打ち破るのです。その代わりとなるトランサーフィンの原則を常に守るようにしてください。「自分が自分らしくいることを許し、他人がその人らしくいることを許す」のです。あなたが列に並ぶのをやめれば、まるであなたが新しいスタンダードであるかのように他の人たちは追随してくることでしょう。

解説

自分の短所や長所を、周りの人も自分と同じように重きを置いているとは思わないでください。現実世界では、誰もが自分がどう見えるかを気にしています。ですので、自分の肩に乗せているその重荷を、思い切ってふるい落としてください。

「きらびやかな存在でいたい」という後付けの欲求のせいで、人は、すでに「きらびやか」だと認知されている人の真似をしなければならないのではないかと思ってしまいます。

他人の台本をただ真似していても、それはパロディにすぎません。誰もが自分自身の台本を持っているのです。自分の信条を選び、そのとおりに生きていけばいいのです。

どんな集団においても、自分の信条に忠実に生きている人がリーダーです。自分がどう行動すべきかを他人に相談する義務がないからこそ、リーダーになれたのです。

リーダーは、誰かの真似をする必要はありません。リーダーとは自分の価値を確立し、何をすべきかを知っている人です。リーダーは誰かに媚びへつらうことなく、何かを証明する必要もありません。

自分自身の価値を確信すると、周りの人も自ずとその人の価値を知ることとなるのです。

72日目

唯一無二の魂

原則

あなたは唯一無二の存在です。あなたのその独自性は、誰かと競う必要のないものです。自分の独自性をちゃんと表現してください。そうすれば、誰もが通る道しか行かない他の人たちよりも、ずいぶんと有利になることでしょう。

誰かのようになろうとしても、うまくいきません。**自分らしくいる**のです。その贅沢を自分に味わわせてあげましょう。既存のスターの仮面をかぶっても、単なるコピーやパロディにすぎません。誰かの真似をしてスターになった人などいないのです。

誰かと同じになるのをやめたときに、あなたは成功します。誰かの経験の模倣をやめたときに、あなたは成功します。そして、自分の個性のすばらしさを認めたとき、あなたは成功するのです。

そうすれば、他の人はもうあなたのことを認めざるを得なくなります。

解説

「あなたは最高の存在で、あなたにはどんな能力もある」という事実は、とても注意深く隠されています。他の人は、「自分に無限の能力があると信じるとは、なんて脳天気なんだ」と言うでしょうが、実際はその逆です。

あなたには、素晴らしい作品を生み出す能力も、独創的な発見をする能力も、スポーツやビジネス、その他あらゆるプロフェッショナルとしての活動で卓越した結果を出す能力もあるのです。

あなたがするべきことは、**自分の魂に目を向ける**ことです。魂は、すべての知識、創造物、偉業にアクセスできます。

あなたのするべきことは、自分が自分であることを許してあげることだけです。あなたが身につけている仮面は、成功や豊かさ、幸福を手に入れるために、これまで何をしてきてくれたというのでしょうか？

本来の自分を変えようとすることに意味はありません。それは、もう1つの仮面をつけることに過ぎないのです。破壊的な振り子によって押し付けられた仮面を取り払えば、あなたの魂の中の宝物が姿を現すでしょう。

あなたは、本当に並外れた、唯一無二の、奇跡のような創造物なのであり、「最高」に値するのです。

ただ、そうなることを自分自身に許してください。

73日目

ケチな理性

原則

理性が振り子に支配されると、数え切れないほどの制限を受け入れて、ゲームの中で自分に割り当てられた役割をこなすことに手一杯となります。「その目的は非現実的だ」と説得しようとする理性の言い分に耳を傾けてはいけません。

理性は、誤った固定観念の枠組みの中に閉じ込められていることを忘れないでください。そうでないと、人生がいずれ終わったときに、あなたの夢は埃っぽい引き出しの中にぽつんと残されたままになってしまいます。

魂がなければ、理性はこの世界であまり多くの能力を発揮できません。魂と理性の一致によって初めて、外的意図という不思議な力が生まれ、どんなことでもできるようになるのです。「何が現実的であって、何が現実的でないかは私が決める」と声高に主張する偽物の権威者の言うことを聞いて、夢を諦めることはありません。**奇跡を起こせるあなたの権利**を行使するのです。

解説

理性は、あたかもおもちゃ屋で「お気に入りのおもちゃを買ってくれ！」と頼む子どものように、魂を扱います。

「そんなの、買う余裕はないよ！　バカなこと言わないで！　あなたが何を必要としているかは、私が一番よく知っているんだから。それは私たちのような者のためのものではないよ。そんなのは現実的じゃないよ。みんながみんな、そんなに恵まれているわけじゃないんだ。あなたには技術も能力もないじゃないか。あの人とは格が違うんだよ！　他の多くの人と同じようにして！」

理性の言うことは、だいたいこんな感じです。理性は論理に従って動きますが、その論理というのは、振り子が押しつけているもので、信奉者の行動を制限し、夢を選択する自由を否定するものです。そうすることで振り子は利益を得るのです。

魂には論理は通用しません。すべてをそのままに受けとめているだけです。理性はお金がないと言いますが、魂はお金ではなく、おもちゃが欲しいのです。お金がないことを理由に、理性はそのおもちゃを「現実的でない、手に入らない」と禁止してきます。魂にできることといえば、自分の中に引きこもり、そのことを忘れるしかないのです。

それはまるで、あなたの夢のお葬式です。その夢をどうすれば実現できるのか、理性はわからないので、その夢をあなたの世界の層から取り除こうとします。なぜなら、理性にとって、人生のすべては論理的で明確でなければならないからです。

あなたがすべきことは、**自分がそれを所有するということに同意する**ことです。そうすれば、外的意図が、どうすれば手に入るかという部分を担当してくれます。

74日目

欲ばりな魂

原則

どうすれば、人はエリートの仲間入りができるのでしょうか？　その答えは、「**その人独自の道をたどること**」です。自分の道を行くやいなや、世界の宝はその姿を見せ、周りの人はあなたを見て、どうやってそれを手に入れたのかと驚くことでしょう。

思い切って、振り子が押しつけてくる固定観念をはねのけてください。そして、魂の無限の可能性を信じ、自分自身のすばらしい個性を発揮する大胆さを持ち合わせてください。

もし理性が許せば、魂はあなたの夢を実現する方法を見つけてくれるでしょう。恥ずかしがらずに、思いっきり好きなものを注文してください。「現実的」になって、不可能と思われるものを要求してください。

解説

どんな目的だったとしても、常識的な世界観の中だけでは達成することは難しいでしょう。「難しい」と思い込んでいる場合はなおさらです。理性は、「どうすればそれを成し遂げられるだろうか?」と聞いてきます。そんなとき、魂は次のことを言う必要があります。

「黙っていて。それはあなたには関係ない。私たちはおもちゃを選んでいるのですよ!」

選択の入り口に立ったとき、制限など気にする必要はないのです。

ボートを持ちたいと思いましたか? 自分のヨットを持つのはどうでしょう? マ

ンションの一部屋を持ちたかった？　豪邸ではどうですか？　部長になりたかった？　会社の社長になるのはどうですか？

安い土地を買って、自分の家を建てたかった？　地中海に浮かぶ自分の島ではどう？　たくさんお金を稼げる仕事がほしかった？　それでは、まったく働かず、自分の楽しみのために生きるというのはどうでしょう？

こんなふうに、「これはどうですか？」というリストにはきりがありません。もし、あなたが**自分自身の扉を開けて、自分自身の目的に向かって進んだら、**このようなものが手に入ります。

それに比べて、今のあなたのリクエストがどれだけ謙虚なものだかわかりますか？

75日目

お金

原則

まず、あなた自身の目的に向かって進んでください。そうすれば、お金は自ずとついてくるものです。もし、あなたがまだ自分が本当に望む道を歩んでいないなら、以下のルールを思い出してください。

「ないお金について考えてはいけない。今あるお金について考えること」

お金があるという事実に集中するのです。いくらあるかは関係ありません。重要なのは、あなたに確かにお金があって、すぐにもっとたくさんのお金が入ってくるということです。愛と喜びをもってお金を受け取り、スムーズに手放しましょう。

ケチケチとため込んだりしないでください。お金に対してケチればケチるほど、あなたのお金は少なくなります。

同様に、特に何かが欲しいという目的のため以外に、大金を貯め込んでしまわないようにしましょう。お金の流れを作ってください。お金というのは、パイプの中を流れてやってきます。決してタンクからやってくるのではないのです。

解説

「持たざる者」が店に行くと、どうすれば節約できるかと1円単位で計算し、できるだけケチってお金を使い、すべての商品に対して、「高い！」という不満を口にします。

そういう人たちはいつも「お金がいくらあっても足りない！」と考えています。この心の持ち方が、物理的な現実で実現してしまっているのです。それ以外に何があるというのでしょう。みんな鏡の前に立っているのですから。

持っていないお金について考えてはいけません。**実際に持っているお金について考えてみてください。**お財布の中には必ず何か入っているはずです。もし今、なにか欲しいものを買うための資金がないとしても、それを嘆いてはいけません。後で買うことにすればいいのです。すぐにお金が手に入るというのはわかっているのですから。こうやって、ふさわしい映像を作成すれば、それが徐々に現実に反映されるようになります。

もうひとつ、強力な儀式があります。見つけられるすべての小さな見捨てられたコイン、特に誰も拾いもしない錆びたものを収集し、小さな箱に丁寧に入れて、次のような思考フォームを繰り返してください。

「おかえり、愛しいコインさん。私はあなたを大切にしますよ。だから私のところに他のお金さんを呼んできてください。私はお金を大切にし、お金は私を愛し、そしてみんな私のところにやってきます」

やってみれば、その効果がわかるでしょう。

76日目

コンフォート・ゾーン

原則

人はなんでも自分の好きなものが選べます。しかし自分にはその権利があると信じる人はまだ多くはありません。もし、めまいがするような富、名誉、成功を求めることに不安を感じるなら、それはそれらがまだあなたのコンフォート・ゾーンの外にあるということです。

コンフォート・ゾーンの中になければ、手に入ることはありません。

しかし、**コンフォート・ゾーン自体を広げる**ことはできます。自分自身のゴールのコマを作り、頭の中で、折りに触れてそれを流し続けるのです。何度も、何度も、です。

細部を大切にし、新しい要素を継ぎ足し、今までと違う自分の姿を見るようにするのです。あなたは「最高」に値します。これらは本当に「現実的」なのです。制限なんてありません。

限界は、あなたの頭の中にだけあるのです。

解説

ポジティブな映画のコマを流すことで、コンフォート・ゾーンの中にあり得ないことが入ってきます。自分の夢がもしかして叶わないかもしれないという不安感を手放せば、疑いは影をひそめ、信念は知識へと姿を変えます。魂は理性と手に手をとり、あなたはそれらを所有する決意をします。

魂を説得しようとしても無駄です。魂は論理的には考えません。魂は知っているのです。

ただ、魂を新しいコンフォート・ゾーンに慣れさせることはできます。まだちょっと不安で、どうやってゴールを達成したらいいかわからなくても大丈夫です。ビジュアライゼーションを体系的に続けるのです。

ゴールがあなたのコンフォート・ゾーンの中にぴったりと収まるときが来れば、外的意図があなたの夢の世界へと続く扉を開けてくれるでしょう。

要塞を陥落させるためには、長期にわたる包囲戦が必要だということです。

77日目

仲間

原則

あなたは今、孤独を感じていることでしょう。それはあなたがそう望んでいるからです。

どんな命のないものでも、まるで生きているかのように扱えば、それは**生命を持ち、仲間となって**くれます。自分だけのお守りのようなものを作り、それに命が宿っていてあなたを助けてくれていると、真剣に考えるのです。身の周りのものすべて、たとえば建物、木、家具、食器、家電、車、パソコンなど、あなたがそう決めれば、すべてがあなたを気づかって、助けてくれるでしょう。

味方には特別に何も頼む必要はありません。世界の鏡に接するのと同じように、接しましょう。それらがあなたのことを気づかってくれていることを信頼しましょう。

そして、その事実を定期的に思い出すようにしてください。

解説

肉体が肉体を生み出すことができるように、魂も魂を生み出すことができます。ある物体を生き物として意識すると、その思考フォームは、エネルギー的実体、つまり**「バーチャル・ソウル」を持った一種のファントム（幻の生命体）**へと変化します。

ファントムは、形而上的な空間に存在するため、目には見えず、形もありません。しかし、いったん誕生すれば客観的に存在し、他の思考フォームと同様に、物理的現実に影響を与えます。

ですから、もしあなたが望むなら、あなたの周りの物体を生き物のように扱って、それらとコミュニケーションをとりましょう。そしてそのファントムを大切に扱い、愛情をもって接すれば、彼らもそれに応えてくれるでしょう。たとえば、愛車を大切な生き物のように扱えば、そのバーチャル・ソウルはあなたを事故から守ってくれるでしょう。

物を捨てなければならないとき、まず感謝することを忘れないようにしてください。その後のことは心配いりません。

あなたがその捨てたものを忘れてしまえば、そのバーチャル・ソウルはすぐに消滅してしまいます。

78日目

守護天使

原則

もし、あなたが今つらくて、頼れる人がいないのなら、自分を見守ってくれる守護天使を作りましょう。**守護天使を信じれば、守護天使は必ず現れます。**

そして、その逆もまた真なりです。あなたが守護天使を信じなければ、彼らは存在しません。自分だけを気づかってくれる存在がいると思うことで、安定した自信を持つことができます。

天使に悪態をついたり、腹を立てたりしないでください。天使がどんな不幸からあなたを全力で守ろうとしているのか、あなたには決してわからないのです。成功を祝福するなら、守護天使への感謝を忘れないでください。そして心から愛していることを天使に伝えてください。

そうすることで、天使の力はより強くなり、あなたの思いにより一層応えてくれることでしょう。

解説

すべての人に守護天使がいるというのは本当でしょうか？　それは、あなたが決めることです。**自分の現実は自分で創る**ものです。あなたが天使を信じている限り、天使はエネルギー体として存在します。

天使が自分を気づかってくれていると確信しているなら、それも事実です。

あらゆる種類の神を無条件に崇拝している信者たちは、決して愚か者などではありません。あなたもどんな形の守護天使をイメージしてもいいのです。守護天使は、何にも似ていません。想像力によって、天使に形を与えるのです。ですから、あなたも望ましいと思う姿を想像してください。

孤独なら、その孤独を天使と分かち合いましょう。何か不幸なことがあったり、喜びを感じることがあったりすれば、それを天使と分かち合いましょう。あなたが天使を心から愛し、あらゆる些細なことに感謝の気持ちを表せば表すほど、天使は力強くなり、あなたを助けてくれるようになります。

覚えておいてください。空想などというものは存在しないということです。どんな作り事も、もうすでに現実なのです。

監訳者あとがき

トランサーフィンとの出会いは、もう15年以上も前のことです。その存在を友人に教えてもらったことがきっかけでした。それ以来、トランサーフィンは気になる謎の概念として、常に私の側にありました。

「振り子」「過剰ポテンシャル」「平衡力」「バリアント空間」「フレイリング」といった聞き慣れない言葉。「さあ、私のかわいい小鳩ちゃん、一緒におもちゃを探しに行きましょう」といったフレッシュな表現。

内容はまるで難解なパズルのようで、だからこそ、それを紐解こうとするのが楽しくて、折りにふれて本のページをめくっていました。また自主勉強会を開催し、トランサーフィンの内容を私のわかる範囲で伝えたりもしましたが、参加者の頭の上にクエスチョンマークが飛び交っているのが、実際に目に見えるようでした。

今回、本書『78日間トランサーフィン実践マニュアル』と、前書『タフティ・ザ・プリーステス』の監訳に関わらせていただき、英語版を何度も深く読んだり、ロシア語翻訳者のモリモトさんとロシア語版をつきあわせてチェックしたりしました。そのおかげで、トランサーフィンの内容をより深く理解できるようになり、たいへんありがたく思っています。

私にとって、一番難しい実践は、「過剰ポテンシャルを発生させないこと」です。日々生活をしていると過剰ポテンシャルをつい発生させてしまうし、そしてそれを意識しすぎると反対に「過剰ポテンシャルを発生させないようにしようとする過剰ポテンシャル」を発生させてしまいます。（苦笑）　そしてそのたびに、ピエロは喜んで跳びまわり、振り子はそのエネルギーを餌にして大きく揺れます。

それでも、トランサーフィンの概念が少しはよく理解できるようになった最近の私は、本書の表現を見習って、こっそりとこうつぶやきます。

「お前さんが振り子だね。もうその手には乗らないよ」

みなさんもこの本でトランサーフィンの不思議な世界観に触れながら、少しずつその原則を実践していってくだされば、と思います。

そうすることで、あなたの世界の層は、より暖かな色合いを増していくことでしょう。

2025年2月　成瀬まゆみ

著者：ヴァジム・ゼランド

ロシア在住の作家で、元量子物理学者。その姿は謎に包まれており、いろいろな伝説が飛びかっている。世界的ベストセラーとなった著作『トランサーフィン』シリーズは20カ国以上の言語に翻訳され、発売から20年が経った今も、世界中でファンを獲得し続けている。

監訳者：成瀬まゆみ（なるせ・まゆみ）

著作家、翻訳家、セミナー講師。『トランサーフィン』は長年の愛読書。他に関わった書籍としては、『タフティ・ザ・プリーステス』（ヴァジム・ゼランド著、SBクリエイティブ）、『ハーバードの人生を変える授業』（タル・ベン・シャハー著、大和書房）など。

著作としては『まんがでわかる自己肯定感を高めるハーバード式ポジティブ心理学』（宝島社）がある。
https://www.mayumi-naruse.com/

翻訳者：モリモト七海（もりもと・ななみ）

ロシア語翻訳家。東京外国語大学言語文化学部ロシア語専攻卒業。ハバロフスクの太平洋国立大学に1年間留学。出版翻訳や映像翻訳など、多岐にわたる分野でロシア語翻訳家として活躍中。共訳書に『タフティ・ザ・プリーステス』（ヴァジム・ゼランド著、SBクリエイティブ）。

78日間《にちかん》トランサーフィン実践《じっせん》マニュアル
量《りょう》子《し》力学的《りきがくてき》に現実創造《げんじつそうぞう》する方法《ほうほう》

2025 年 3 月 27 日　初版第 1 刷発行
2025 年 4 月 6 日　初版第 2 刷発行

著　者　　ヴァジム・ゼランド
監訳者　　成瀬《なるせ》まゆみ
訳　者　　モリモト七《な》海《なみ》
翻訳協力　　勝間真由美
発行者　　出井 貴完
発行所　　SB クリエイティブ株式会社
〒 105-0001　東京都港区虎ノ門 2-2-1

本文・装丁デザイン　　岡部夏実（Isshiki）
DTP　　Isshiki
印刷・製本　　中央精版印刷株式会社
編集　　飯銅 彩

本書をお読みになったご意見・ご感想を
下記 URL、または二次元コードよりお寄せください。
https://isbn2.sbcr.jp/30256/

落丁本、乱丁本は小社営業部にてお取り替えいたします。

定価は、カバーに記載されております。

本書に関するご質問は、小社学芸書籍編集部まで必ず書面にてご連絡いただきますようお願いいたします。

ISBN　978-4-8156-3025-6